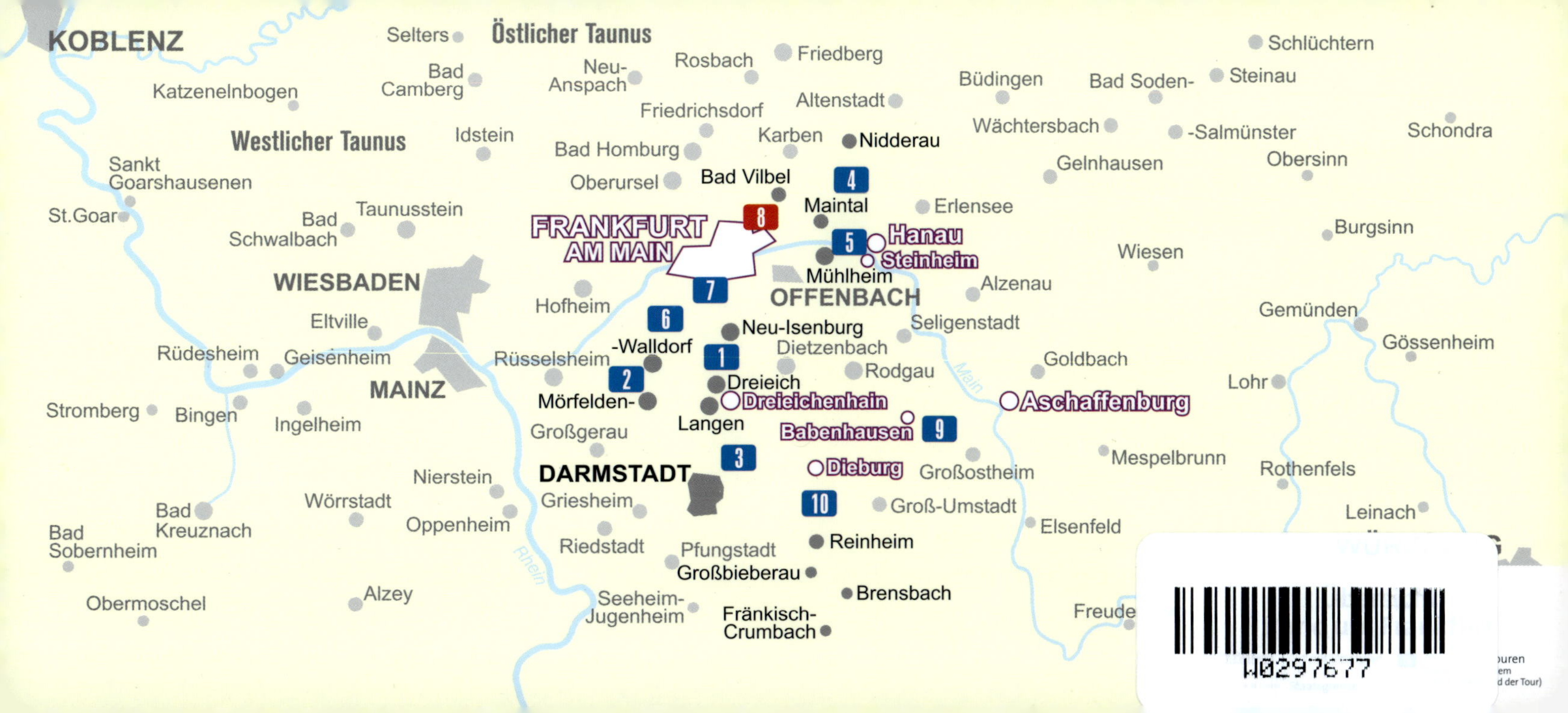
KOBLENZ
Selters
Östlicher Taunus
Neu-Anspach
Rosbach
Friedberg
Schlüchtern
Bad Camberg
Katzenelnbogen
Büdingen
Bad Soden-
Steinau
Altenstadt
Friedrichsdorf
Westlicher Taunus
Idstein
Karben
Nidderau
Wächtersbach
-Salmünster
Schondra
Bad Homburg
Gelnhausen
Obersinn
Sankt Goarshausenen
Oberursel
Bad Vilbel
4
Maintal
Erlensee
St.Goar
Bad Schwalbach
Taunusstein
FRANKFURT AM MAIN
8
Hanau
5
Steinheim
Burgsinn
Wiesen
WIESBADEN
Mühlheim
Alzenau
7
OFFENBACH
Hofheim
6
Gemünden
Eltville
Neu-Isenburg
Seligenstadt
Gössenheim
-Walldorf
Dietzenbach
Rüdesheim
Geisenheim
Rüsselsheim
1
Goldbach
Rodgau
Main
Lohr
2
Dreieich
MAINZ
Mörfelden-
Dreieichenhain
Aschaffenburg
Stromberg
Bingen
Ingelheim
Langen
Babenhausen
9
Großgerau
Mespelbrunn
3
DARMSTADT
Dieburg
Großostheim
Rothenfels
Nierstein
Wörrstadt
Griesheim
10
Groß-Umstadt
Bad Kreuznach
Leinach
Oppenheim
Elsenfeld
Bad Sobernheim
Riedstadt
Pfungstadt
Reinheim
Rhein
Großbieberau
Brensbach
Alzey
Seeheim-Jugenheim
Obermoschel
Fränkisch-Crumbach
Freude

Inhalt

10 abwechslungsreiche Tagestouren rund um die Rhein-Main-Metropole Frankfurt. Bequeme Freizeitrouten für die ganze Familie.

Kartenlegende siehe Seitenklappe und Umschlaginnenseite

TOURENÜBERSICHT

Tour | Seite

Tour	Schwierigkeitsgrad	Fahrzeit (in Std.)	Länge (in km)	Höhenmeter Auffahrt	Höhenmeter Abfahrt	Parkplatz	Öffentliche Verkehrsmittel	Einkehr	Übernachtungsmöglichkeit	Kinderfreundlich	Kulturelle Highlights	Badenmöglichkeit	Rennradtauglich	Panoramatour	Autoren Highlight
01	● (blau)	2:45	32	60	60	✓	✓	✓	✓	✓	✓	–	–	–	✓
02	● (blau)	2:30	32	40	40	✓	✓	✓	✓	✓	✓	(✓)	–	–	–
03	● (blau)	2:00	26	90	90	✓	✓	✓	✓	✓	✓	✓	–	–	✓
04	● (blau)	4:00	40	290	290	✓	✓	✓	✓	✓	–	–	–	✓	✓
05	● (blau)	2:15	27	45	45	✓	✓	✓	✓	(✓)	✓	(✓)	–	–	✓
06	● (blau)	2:30	30	80	80	✓	✓	✓	✓	✓	–	✓	–	✓	✓
07	● (blau)	2:00	23	70	76	✓	✓	✓	✓	✓	✓	–	–	–	✓
08	● (rot)	3:30	40	150	144	✓	✓	✓	✓	✓	✓	✓	–	✓	✓
09	● (blau)	5:00	64	35	35	✓	✓	✓	✓	✓	✓	✓	–	–	✓
10	● (blau)	4:00	48	120	120	✓	✓	✓	✓	✓	✓	✓	–	–	✓

✓ Ja – Nein (✓) Bedingt

Vorwort

Sehenswürdigkeiten, Naturerlebnisse und einladende Biergärten verleihen vielen Touren einen erholsamen und einzigartigen Charakter.

Die hier ausgewählten Touren sind überwiegend reine Genusstouren mit viel Grün, guten Wegen, schönen Ausflugszielen und sie sind für die ganze Familie geeignet. Sie sind in aller Regel leicht und familienfreundlich. Die vielen Ausflugsgasthöfe mitten im Grünen bieten Ihnen lokale Spezialitäten. Es sind willkommene Möglichkeiten, die Tour zu unterbrechen und nette Leute kennen zu lernen.
Planen Sie genügend Zeit ein, um die vielen Sehenswürdigkeiten auf der Strecke zu besuchen. Manche Touren können Sie mit einem ausgiebigen Bad kombinieren, manchmal in einem Waldschwimmbad, manchmal in einem Badesee, etwa dem Langener Waldsee.

Die hier aufgeführten Routen gehören zum großen Teil in das Angebot von Naturparkrouten, die es rings um Frankfurt gibt. Frankfurt ist nicht nur die Bankenstadt, nicht nur die Universitätsstadt und nicht nur der Großflughafen, der in der Region viele Arbeitsplätze schafft, auch wenn Belästigungen für die Anrainer da sind. Rund um Frankfurt gibt es eine „grüne Lunge", die inzwischen gehegt und gepflegt wird. Sie bietet eine große Zahl sehr variabler Touren und Freizeitmöglichkeiten. Die hier aufgeführte Auswahl ist nicht nur für die hier lebende Bevölkerung im Ballungsraum Frankfurt von Interesse, zu dem u. a. die Großstädte Mainz, Wiesbaden, Darmstadt, Hanau, Offenbach und Aschaffenburg zählen. Sie liegen alle im Einzugsgebiet von Frankfurt, mit teils erheblichen Pendlerströmen. Umso besser, dass es zwischen den großen Verbindungsstraßen ausgedehnte Wälder und viele Seen, Schlösser und Waldgasthöfe gibt.

Viel Spaß und erlebnisreiche Tage

Hans-Peter Vogt

Geboren in Darmstadt. Lebt schon immer in der Region, erst in Darmstadt, dann in Frankfurt und heute in einer ruhigen Gemeinde am Rande des nördlichen Odenwalds.

Der aktive Radfahrer dreht unter anderem Radreisefilme und ist seit vielen Jahren im Verlagsbereich tätig. Er ist Autor mehrerer Radwanderführer.

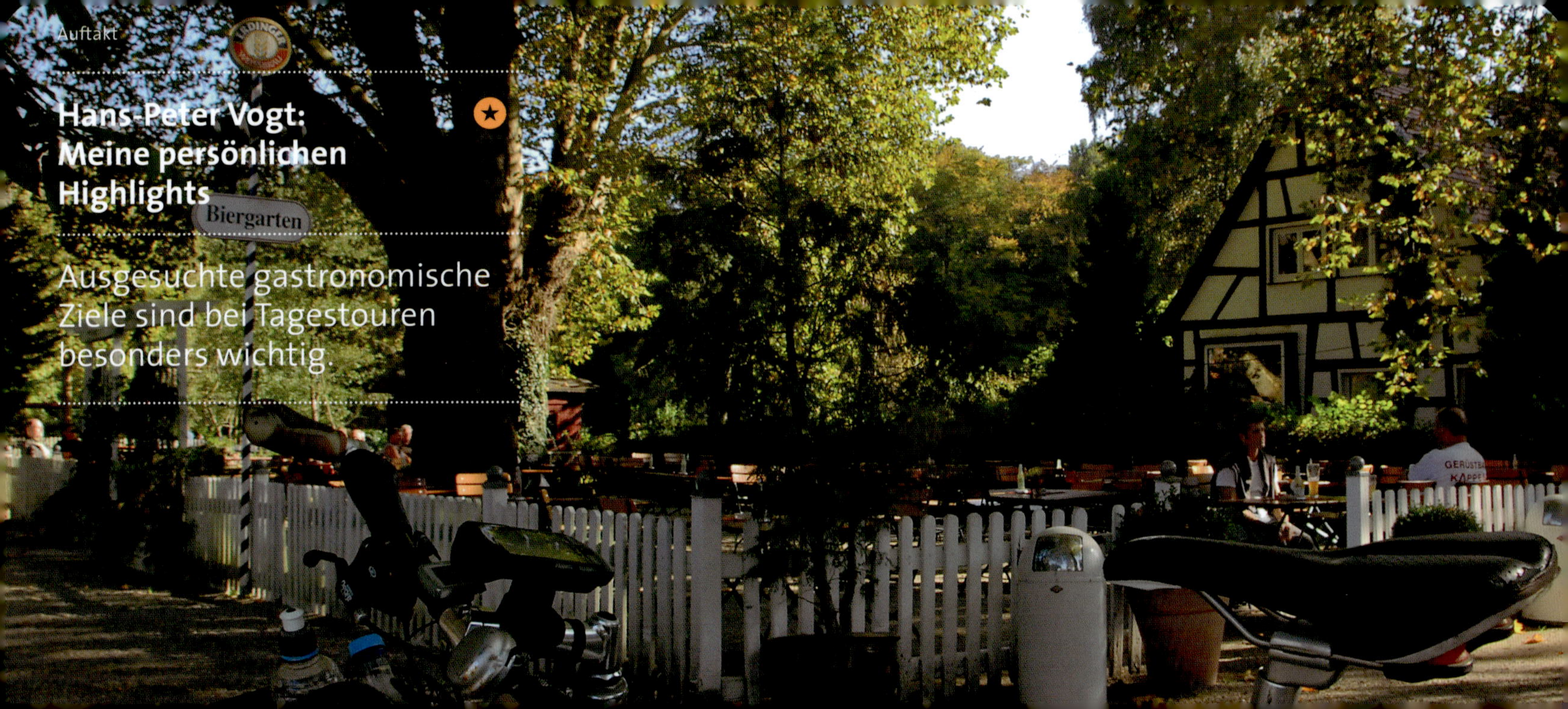

Hans-Peter Vogt: Meine persönlichen Highlights

Ausgesuchte gastronomische Ziele sind bei Tagestouren besonders wichtig.

Die ausgewählten Touren bieten stundenlanges beschauliches Radeln durch Wald und viele schöne Unterbrechungen. Höhepunkte sind u. a. die „Hohe Straße“, die Seenlandschaft rund um den „Grünen See“ und das Naturschutzgebiet Untere Gersprenz. Es gibt wunderbare Fachwerkstädte. Viele Schlösser und Burgen liegen direkt auf dem Weg.

Hanau-Steinheim stammt aus dem Jahr 1200. Es gibt eine verschachtelte Altstadt mit vielen Biergärten und Weinlokalen, eine Wehrmauer mit Torturm und ein Schloss.
▶ **Tour 05, Seite 63**

Bergen hat eine kleine Altstadt mit schönem Rathaus. Der Ort liegt an der Hohen Straße, die schon bei den Römern ein bedeutender Handelsweg war. ▶ **Tour 04, Seite 53**

Dreieichenhain ist Fachwerkstadt. Hier gibt es Überreste einer Burg und jährlich stattfindende Burgfestspiele. ▶ **Tour 01, Seite 21**

Dieburg bietet eine urtümliche Altstadt und das Schloss Fechenheim, das heute Museum ist und das sich neben römischen Funden besonders der Blaufärberei verschrieben hat.
▶ **Tour 09, Seite 124**

Das Schloss Philippsruhe in Hanau ist ein Barockschloss. Der Schlosspark wurde im frühen 19. Jahrhundert in englischem Stil umgebaut.
▶ **Tour 05, Seite 63**

Großflughafen Frankfurt Diese Tour bietet viel Technik und zwei Besucherplattformen, mit gutem Ausblick auf landende und startende Maschinen. Im Süden bietet die Tour viel Wald und zwei beliebte Badeseen. ▶ **Tour 06, Seite 75**

Das **Naturschutzgebiet an der unteren Gersprenz** zeichnet sich durch flache Überflutungsräume aus, in denen Sie Störche und Reiher finden. ▶ **Tour 09, Seite 124**

Aschaffenburg Hier gibt es zwei Schlösser. Das große Residenzschloss in der Stadt und das kleinere Schloss Schönbusch, das in dem gleichnamigen Park liegt. ▶ **Tour 09, Seite 125**

Frankfurt-Höchst bietet eine urtümliche Altstadt mit Gartenlokalen, eine ehemalige Wasserburg und ein Barockschloss.
▶ **Tour 07, Seite 88/89**

Die **Grube Messel** ist UNESCO Weltnaturerbe. In der Schiefergrube finden sich versteinerte Urtiere wie Echsen, Panzertiere oder das Urpferd. Auf derselben Tour finden Sie das Jagdschloss Kranichstein, Badeseen und das Ausflugsgebiet Steinbrücker Teich. ▶ **Tour 03, Seite 42**

Der **„Grüne See“** gehört zu einer Gruppe von Baggerseen bei Hanau, die renaturiert sind und heute unter Naturschutz stehen. Beliebt ist die Hochbrücke über den Canyon und das Ausflugslokal. ▶ **Tour 05, Seite 63**

Babenhausen hat ein Schloss und eine mittelalterliche Stadt mit perfekt restaurierter Kirche, viel Fachwerk und beliebten Eisdielen.
▶ **Tour 09, Seite 124/125**

Beachten Sie die vom Autor empfohlenen und mit markierten Einkehr- und Übernachtungstipps

Das Gebiet

Das Rhein-Main-Gebiet Lebensnerv – und Naturschutzgebiet

Normalerweise denkt man im Zusammenhang von Frankfurt nicht an Radfahren oder Natur, sondern eher an Kneipen, Apfelwein und Handkäse, Banken, Versicherungen und die Messe. Aber das ist nur ein Teil von Frankfurt. Es gibt viel mehr. Unendlich viel mehr.

Frankfurt ist auch die Stadt des Radrennens rund um den Henninger Turm. Es ist alljährlicher Austragungsort für eine der berühmten Triathlonveranstaltungen. Es gibt den Taunus, der Rennradlern und Mountainbikern ein gutes Übungsgebiet bietet und es gibt für sie auch den nahen Vogelsberg, den Spessart und den Odenwald.
Frankfurt liegt außerdem am nördlichen Ende der Rhein-Main-Tiefebene und die bietet Freizeitfahrern eine Vielzahl schöner Routen. 10 davon haben wir hier für Sie ausgewählt.

Vorgeschichtlich gesehen war die Rhein-Main-Tiefebene einmal von Meer überflutet. Später gab es hier Binnenseen, Sümpfe und Riesenfarne. Sie erstreckt sich bis hinunter an den Neckar und war schon immer ein bedeutender Wirtschaftsraum. Schon bei den Kelten, später bei den Römern. Frankfurt (das ja den Namen Furt in sich trägt), wurde an einem bedeutenden Flussübergang errichtet und befestigt. Auch Mainz und Wiesbaden waren römische Standorte. Der Limes zieht sich in der Nähe entlang. Die Via Regia war eine der damals bedeutenden Handelsstraßen (heute „Hohe Straße"). Frankfurt wurde später freie Reichsstadt. Hier wurden viele Könige und Kaiser gekrönt.

In der Nähe liegt die Bischofsstadt Mainz, die im Mittelalter ein riesiges Gebiet kontrolliert hat, bis hinunter nach Seligenstadt. Auch die Burg in Frankfurt-Höchst war lange im Besitz der Mainzer Bischöfe. Das ganze Gebiet war aufgeteilt in große und kleine Residenzen und es gab eine Reihe von Rittergeschlechtern. Es gab aber auch mittelalterliche Städte, wie Steinheim, Seligenstadt oder Babenhausen, und natürlich Frankfurt, Worms und Mainz, die alle in regen Austausch und in Konkurrenz zueinander standen. Außerdem war die Rhein-Main-Tiefebene fruchtbar.

Im Zeitalter der Industrialisierung wurden hier eine Reihe von Fabriken gegründet. Die Rhein-Main-Tiefebene wurde aber auch immer wieder einbezogen in die französisch-deutschen Kriege. Im II. Weltkrieg wurde hier schließlich durch die alliierten Bombenangriffe viel zerstört und heute ist die Region einer der wichtigsten Wirtschaftsräume in Deutschland. Die Region liegt im Einzugsbereich dreier großer Flüsse, dem Rhein, dem Main und dem Neckar, welche die Region begrenzen, und die schon immer wichtige Verkehrsstraßen waren. Es gab Heerwege, wie die Bergstraße und es gab Wirtschaftsrouten wie die Via Regia. Es gibt weitere kleinere Zuflüsse, wie die Nidda, die Gersprenz oder die Kinzig.

Das Gebiet wurde später Siedlungsgebiet für Kerntechnologien, Finanzgeschäfte und Dienstleistungen. Dazu zählt der Industriepark Höchst, VDO, Hochtief, Bilfinger & Berger, Wayss & Freitag, Continental, AEG, die Metallgesellschaft und natürlich Banken, Versicherungen und Werbeagenturen, sowie der internationale Flughafen, die Börse und die Messe.

Mit ca. 670.000 Einwohnern ist Frankfurt nicht einmal so besonders groß. Irgendwie gab es für das Wachstum der Stadt Grenzen. Viele Menschen, die in Frankfurt arbeiten, leben heute im Umland, teilweise bis zu 100 km entfernt. Frankfurt liegt am Fuß des Taunus, direkt in der Schneise der Abwinde und die Hochhäuser in Frankfurt haben diesen natürlichen Fluss behindert. Gleichzeitig waren in den 50ern bis weit in die 80er Jahre des letzten Jahrhunderts auch die Verunreinigungen von Luft, Wasser und Boden ziemlich groß. Der Stadtwald südlich von Frankfurt war damals das wichtigste Reservat für die Erzeugung von Sauerstoff. Im 18. und 19. Jh. gab es einmal die Philosophie von grünen Städten. Die englischen Parklandschaften oder die Gartenstädte waren damals ein Symbol. Die Architekten wurden eher belächelt, wenn sie sich für Gartenstädte aussprachen. Heute greift man wieder auf diese alten Ideen zurück. Seit 1994 wird in Frankfurt die Philosophie des Grüngürtels und der Naturparkrouten umgesetzt.

Dies gilt für das Umland des Großflughafens genauso, wie für die Landkreise Offenbach, Hanau, Darmstadt-Dieburg und die Wetterau. Den ausgedehnten Wäldern des Kreises Darmstadt-Dieburg und den Feldern und Wiesen im Bereich Groß-Gerau kommt immer größere Bedeutung zu, weil sie alle im unmittelbaren Einzugsgebiet von Frankfurt liegen und sowohl mit dem Fahrrad, als auch mit Bus und Bahn bequem zu erreichen sind.

So ist Frankfurt bereits heute schon eine Stadt, die von einem gigantischen Grüngürtel umzogen wird, der für die Bewohner auch ein einzigartiges Erholungsgebiet darstellt und Anlass sein kann, diese Region mit dem Rad einmal gezielt anzusteuern. Lassen Sie sich von unseren Touren animieren.

Radfahren in der Natur – vor den Toren der Großstadt.

Tour 01 Naturparkroute Dreieichenhain

Flache und waldreiche Rundtour mit Ausflugszielen

32 km | 2:45 Std. | 60 hm | 60 hm

GPS-Koordinaten / Start
UTM x: 475.740m
Zone 32 y: 5.541.070 m

Startort: Buchschlag (Dreieich), 128 m

Start/Ziel: Bahnhof Buchschlag (Dreieich), 128 m; wahlweise Park&Ride-Platz (100 m entfernt).

Charakter: Fast durchgehend Radweg, teils asphaltiert, teils geschottert, mit zwei leichten Anstiegen, von denen der zweite leicht spürbar ist (10 m auf 500 m)

Verkehr: In Langen, Dreieichenhain und in Neu-Isenburg sowie in Buchschlag gibt es geringe Berührungspunkte mit Straßen

Tipp: Einkehr in der Märzenmühle bei Langen (idyllisch) oder im Gut Neuhof.

Ausflugsziele / Sehenswürdigkeiten & Einkehrtipps siehe S. 21

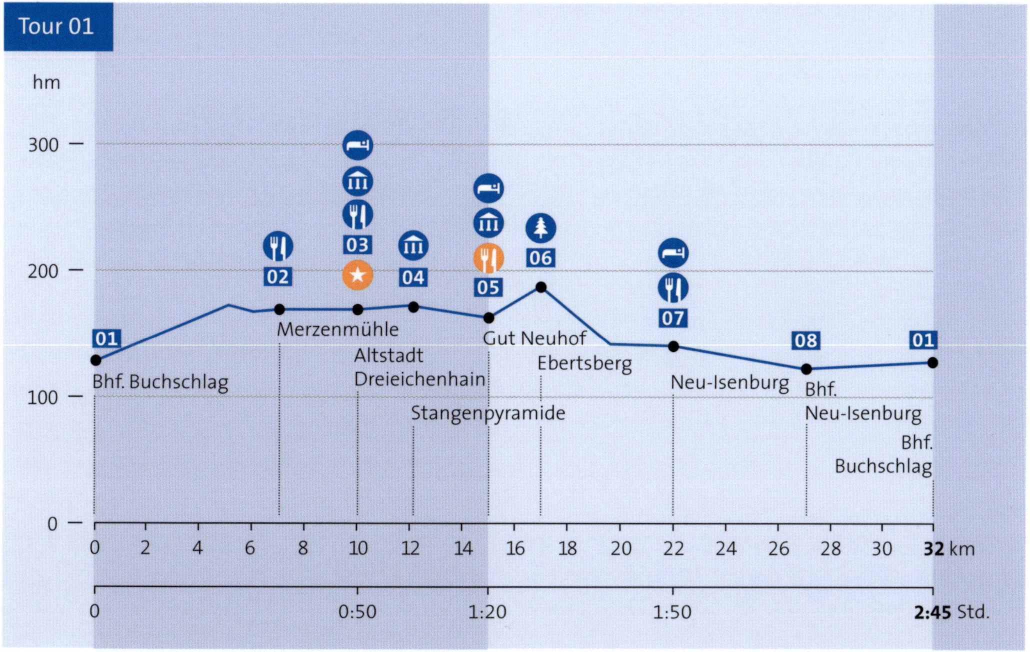

Wir starten unsere Rundtour am Bahnhof in Buchschlag. Der Bahnverkehr des öffentlichen Nahverkehrs gehört hier zum Rhein-Main-Verbund (kurz RMV). Tickets können am Automaten gezogen werden. Direkt neben dem Bahnhof gibt's einen Park&Ride-Platz. Wer mit dem Auto anfährt, findet auch in den umliegenden ruhigen Straßen einen Parkplatz. Eine eigene Kenn-

Schilder der Naturparkrouten.

Die Kennzeichnung der hessischen Radwege.

zeichnung für diesen Rundweg gibt es nicht durchgängig, später finden Sie immer wieder die Schilder der Naturparkrouten (siehe Bild S. 13). Sie orientieren sich aber an den hessischen Radwege-Schildern (siehe Bild oben).

Buchschlag – Gut Neuhof / 15 km / 1:20 Std.

Start Sie fahren zunächst vom Bahnhof in **Buchschlag** **01** die Hauptstraße entlang, von der Schranke weg in Richtung Sprendlingen. Schon nach 400 m kommt eine Kreuzung (Buchweg/Hainer Trift). Sie biegen rechts ab und nach hundert Metern biegt der Weg in spitzem Winkel links in den Hainer Trift und sie sind sofort im Grünbereich. Sie folgen diesem Weg in den Wald in Richtung Tennisplatz. Der Weg führt Sie schon bald über Eisenbahngleise und biegt nach 1 km halbrechts weg (nicht scharf rechts!). Nach 200 m verlassen Sie den Wald und kommen an eine große Radwegekreuzung. Hier biegen Sie rechts ab in Richtung Langen/Egelsbach und folgen dem Radweg Nr. 8 durch Wiesen und Felder ca. 1,5 km. An der nächsten Kreuzung biegen Sie links ab in Richtung Langen-Mitte. Gleichzeitig folgen Sie jetzt dem roten Pfeil der Naturparkroute. Der Weg verläuft unterhalb der B486, durch eine dichte Buschreihe getrennt. Sie verlassen diesen Weg bei der zweiten Unterführung der B486 (An der Winkelwiese), biegen nach rechts ab und folgen der

Einkehrstätte Märzenmühle.

Elsa-BrandströmStraße durch das Gewerbegebiet in Richtung **Langen-**Zentrum. Nach 200 m biegt der Weg links in die nördliche Ringstraße und Sie folgen dem Radweg etwa 200 m bis zur

nächsten großen Querstraße. An der Ampel überqueren Sie die Frankfurter Straße, biegen rechts auf den Radweg, folgen ihm ca. 50 m und biegen dann links weg in die kleine Karl-Nahrgang-Straße. Damit haben Sie Langen fast schon wieder verlassen. Den nächsten Weg ignorieren Sie und fahren geradeaus in einen etwas unebenen und ansteigenden Weg. Die nächsten 4 km geht's leicht bergauf, fast unmerklich. Sie halten sich nun an den roten Pfeil, folgen ihm auch an der nächsten Kreuzung weiter und biegen halbrechts ab durch Obstwiesen und Kleingärten (Rundwegeschilder). Sie radeln in leichtem Zickzack geradeaus bis zu einer T-Kreuzung. Hier biegen Sie links ab und folgen weiter dem Rundwegeschild. Sie fahren unter der Brücke der Schnellstraße durch in Richtung Sühnekreuz.

An der Weggabelung (kurz nach der Brücke) halten Sie sich halbrechts. Nach etwa 150 m kommt ein freier Platz. Rechts von Ihnen liegt ein kleiner Bach, ein Weiher und versteckt im Wald der wunderbare **Waldgasthof Merzenmühle** 02 (nur 100 m neben dem Weg). Anschließend bleiben Sie auf dem Hauptweg (8) und ignorieren alle Querwege. Der regionale Weg 8 stößt auf den Fernradweg R 8, der kommt rechts von Dieburg. Sie verlassen den Weg 8 und fahren geradeaus auf dem R 8 in Richtung Dreieichenhain/Dietzenbach. Dann hört der Wald auf und vor Ihnen liegt Philippseich/Götzenhain. Jetzt aufpassen!

Der schöne asphaltierte Weg verführt Sie dazu, jetzt leicht bergab nach Götzenhain zu rasen, doch das ist falsch. Wenn Sie aus dem Wald kommen, liegen linker Hand hinter Büschen Sportplätze. Dort biegt ein Sandweg nach links ab, dem Sie nach Dreieichenhain folgen müssen (markiert als R 8). Der Weg wird schnell besser und die Fahrt führt wieder durch Obstwiesen.

Nach etwa 1 km verlassen Sie den Weg und fahren rechts, dem R 8 nach, dem Sie jetzt lange treu bleiben. Er führt Sie zu einer Linkskurve, dann über Bahngleise und nach **Dreieichenhain** **03**.

3703 Gänseidyll vor Dreieichenhain.

Am Ortsanfang liegt der Dreieichplatz. Hier fahren Sie rechts in die Fahrgasse und folgen weiter dem R 8 etwa 200 m in eine Linkskurve, dann stoßen Sie auf eine Kreuzung. Rechter Hand sehen Sie schon eines der Stadttore der alten Fachwerkstadt Dreieichenhain. Sie fahren hindurch und sind in der schönen Altstadt mit vielen Restaurants, wo man gemütlich draußen sitzen kann. Die Straße ist nur wenige hundert Meter lang, dann kommen Sie an die Burgruine (Festspiele), fahren halbrechts unter dem zweiten Stadttor hindurch, am Weiher und am Parkplatz vorbei.

Sie stoßen auf eine große Querstraße, die hier einen Bogen macht, fahren auf dem Radweg rechts und gleich wieder links, dem Lauf folgend. An der nächsten Kreuzung verlassen Sie den Hainer Weg und fahren links über die Straße in die Fischäckerstraße, dem Fernradweg R 8 folgend.

Durchgang zur Altstadt Dreieichenhain.

Jetzt gabelt sich der Weg erneut. Sie folgen weiter dem R 8 halbrechts zu Wiesen und Pferdekoppeln. Zunächst geradeaus, dann halblinks, dem R 8 nach. Dieser biegt anschließend rechts weg in Richtung **Stangenpyramide** **04**, die

Stangenpyramide mit Frankfurt im Hintergrund.

Sie in etwa bei Tages-km 13 erreichen. Im Hintergrund zeigt sich die Skyline von Frankfurt. Sie folgen dem Weg jetzt immer geradeaus, am Golfplatz vorbei und stoßen auf eine Querstraße (Neuhofschneise). Vor der Straße geht jetzt links ein bequemer Radweg zum **Gut Neuhof** 05 und ich empfehle hier eine ausgiebige Rast. Dieses Ausflugsziel gehört in der ganzen Region zu den beliebtesten Treffpunkten für Jung und Alt, mit Speisen und Getränken in jeder erdenklichen Form (auch Hotelbetrieb).

Gut Neuhof – Buchschlag / 17 km / 1:25 Std.

Sie haben jetzt fast die Hälfte der Strecke hinter sich. Gestärkt fahren Sie auf den R 8 zurück, überqueren die Neuhofschneise und bleiben geradeaus in Richtung Seligenstadt. Sie fahren im Wald an weiteren Golfplätzen vorbei und es geht jetzt bergauf. Vor Ihnen liegt der höchste „Berg" in der Rhein-Main-Tiefebene, der 193 m hohe **Ebertsberg** 06, an dem Sie knapp unterhalb vorbeifahren. Dann geht's im Prinzip nur noch bergab. Sie stoßen auf die Holländerbornschneise und biegen links weg auf den Radweg 6 in Richtung Neu-Isenburg.

Nach ca. 1 km biegt der Radweg nach rechts auf die Nr. 11 in die Prinzenschneise und folgt dieser

Tour 01
Start/Ziel
NEU-ISENBURG
DREIEICH
GRAVENBRUCH
STEINBERG
BUCHSCHLAG
SPRENDLINGEN
Waldspielpark Tannenwald
Autokino
Neu-Isenburg
Dreieich
Ffm.-Süd
Gespitz-weiher
Donsee
Hoher Berg
Spitzeberg
Ebertsberg
Deutsche Fachwerkstr.
118
120
124
116
132
135
136
144
159
166
193
01
05
06
07
08
18
19
51
3
E42
46
459
661

Start/Ziel
01
124
SPRENDLINGEN
DREIEICH
05
06
193
Ebertsberg
Gut Neuhof
157
147
04
Stangenpyramide
DREIEICHENHAIN
03
127
Naturfreundehaus
Kirschborn
Stadtplan S. 15
Modell-
flugplatz
Dreieich-Museum
191
198
124
486
131
Ruine
Hayn
GÖTZENHAIN
HEXENI
Hute-Eiche
164
20
Langen
Naturfreundehaus
216
Philippseich
Merzen-
mühle
02
486
Birkenau
Schloss
Wolfsgarten
LANGEN
Naturfreundehaus
195
OFFENTHAL
Naturfreundeha

gut 2 km durch dichten Wald in Richtung Neu-Isenburg. Sie überqueren die Autobahnbrücke und stoßen auf die Offenbacher Straße. Sie sind noch immer auf dem Regionalparkweg und vor Ihnen liegt – unübersehbar und gut für die Orientierung – ein rundes Gebäude.

Überqueren Sie die Offenbacher Straße an der Ampel und folgen Sie dann der Regionalparkroute (rotes Dreieck) in Richtung Hansapark in den als Wernher-von-Braunstraße ausgeschilderten Waldweg (links Wald, rechts Gewerbe). Anschließend stoßen Sie auf einen breiten Querweg. Rechts von ihnen sind Bänke zum Ausruhen.

Folgen Sie diesem Querweg jetzt immer geradeaus, über verschiedene Straßen und immer dem Regionalparkschild folgend in Richtung Voltapark (Grundwiesen – Schindweg (23,5 km) – Triebkautenweg). Sie überqueren einen kleinen Bach und folgen ihm am Ortsrand entlang bis Sie schließlich auf eine Querstraße stoßen. Hier hören die Häuser auf. Überqueren Sie die kleine Straße und folgen Sie nun dem Wald-Radweg (Schilder in Richtung Isenburg Bahnhof, Radweg 4). Dieser Weg verläuft 3 km am Nordrand von **Neu-Isenburg** **07** entlang, fast immer durch Wald. Nur dort, wo Sie auf die Darmstädter Landstraße stoßen (linker Hand diverse Lokale) müssen Sie ein kurzes Stück auf der Straße fahren, dann geht's sofort wieder in den bequemen Waldweg (links Villen, rechts Wald).

Sie passieren unterwegs rechts eine Abzweigung zum Sachsenhäuser Berg. (Wer direkt aus Frankfurt kommt, kann diesen Weg auch als Anfahrt benützen.)

Wenn der Weg aus dem Wald hinausführt und links in die Kurt-Schumacher-Straße abbiegt folgen Sie dieser 300 m, dann geht's rechts in die Bahnhofstraße zum **Bahnhof Neu-Isenburg** **08** (mit Park & Ride). Fahren Sie durch die Unterführung, dann nach links (!!), am Parkplatz vorbei in Richtung Langen/Dreieich-Buchschlag. Nach 400 m überquert der Weg die Carl-Ullrich-Straße und biegt halbrechts weg in die Fasanenschneise. (Das ist der Radweg 19/17). Nach ca. 800 m biegt der Weg links in die Spechtschneise, stößt nach etwa 1200 m zur Bahnlinie vor und folgt dieser anschließend rund anderthalb Kilometer.

Dann kommt eine Wegkreuzung. Links geht es durch eine Unterführung nach Buchschlag. Folgen Sie der ruhigen Straße durch Villenviertel (Hengstbachanlage). Sie stoßen auf den Buchweg/Hainer Trift, dem Sie nach halbrechts folgen. Sie gelangen schließlich zur Buchschlager Allee/Eisenbahnstraße und biegen nach rechts ab, bis Sie nach etwa 400 m den Bahnhof **Buchschlag** **01** wieder erreicht haben **Ziel**.

AUSFLUGSZIELE / SEHENSWÜRDIGKEITEN & EINKEHRTIPPS

Merzenmühle 02 Das alte Fachwerkhaus mit historischem Mühlrad liegt an einem kleinen Weiher, versteckt im Wald und ist heute Restaurant und Biergarten. Tel. 06103/53533; www.merzenmuehle.de

Dreieichenhain 03

Altstadt und Burg von Dreieichenhain Der Name der Stadt geht auf einen Wildbannforst zurück. Er fand im 9. Jahrhundert erstmals Erwähnung. Hier hatte ausschließlich der Kaiser das Jagdrecht. 1075 ließen sich hier die Herren von Hagen eine Turmburg bauen. Neben der Burg entstand eine Siedlung, die 1256 erstmals Erwähnung fand. Heute ist Dreieichenhain eine Fachwerkstadt mit beliebter Gastronomie. In der Burgruine gibt es Festspiele mit Theater, Kabarett und Varietée. Das „Hainer Burgfest“ ist ein mittelalterliches Spektakel. Zeitraum: Juli–August (jährlich).
Karten und Info: Bürgerhäuser Dreieich, Fichtestr. 50, 63303 Dreieich, Tel. 06103/60000, Fax 06103/600077, www.burgfestspiele-dreieichenhain.de

Gut Neuhof 05 Neuhof liegt im Ortsteil Götzenhain. Das Gebiet fand erstmals 1318 Erwähnung. 1418 geriet es in die Hände der Grafen von Isenburg. Um 1700 wurde das Gut Neuhof als Mustergut errichtet. Heute ist das Gut eines der beliebten und hochpreisigen Hotels. Es gibt Golfplätze, eine Reitschule und es gibt ein riesiges Areal für Ausflügler mit Ruhe-Nischen, kleinen gastronomischen Verlockungen und Biergärten, sowie Ententeich.

Gutsschänke Neuhof
Hotel, Biergarten, Restaurant
D-63303 Dreieich-Götzenhain
Tel. 06102/30000
Fax 06102/300035

Tourismusinformation siehe S. 139
Übernachtungsverzeichnis siehe S. 140

Burgruine Dreieichenhain.

Tour 02 **Naturparkroute Mörfelden – Mönchbruch**

Flach und schattig durchs Naturschutzgebiet

32 km	2:30 Std.	40 hm	40 hm		GPS-Koordinaten / Start UTM Zone 32 x: 468.830 m y: 5.536.430 m

Startort: Mörfelden, 104 m
Start/Ziel: Bahnhof Mörfelden, 104 m
Charakter: Familientour. Gut ausgebaute Strecke, teils Waldweg, teils asphaltiert – und sehr flach: gerade mal 40 Höhenmeter sind auf der ganzen Strecke zu überwinden. Wer mit Kindern fährt, muss die notwendige Fahrzeit entsprechend anpassen
Verkehr: Keine verkehrsbelasteten Abschnitte

Tipp: Schöner Fotostandort direkt in der Flugschneise (y: 5.538.879 N/x: 3.466.104 O); mit etwas Geschick können Sie die Flieger direkt über ihrem Kopf fotografieren.

Ausflugsziele / Sehenswürdigkeiten & Einkehrtipps siehe S. 31

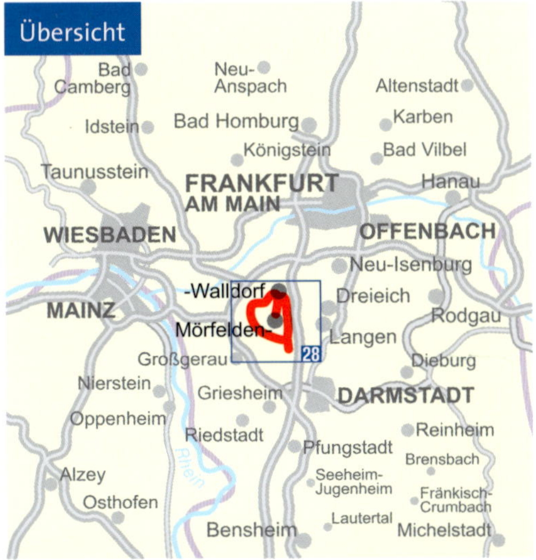

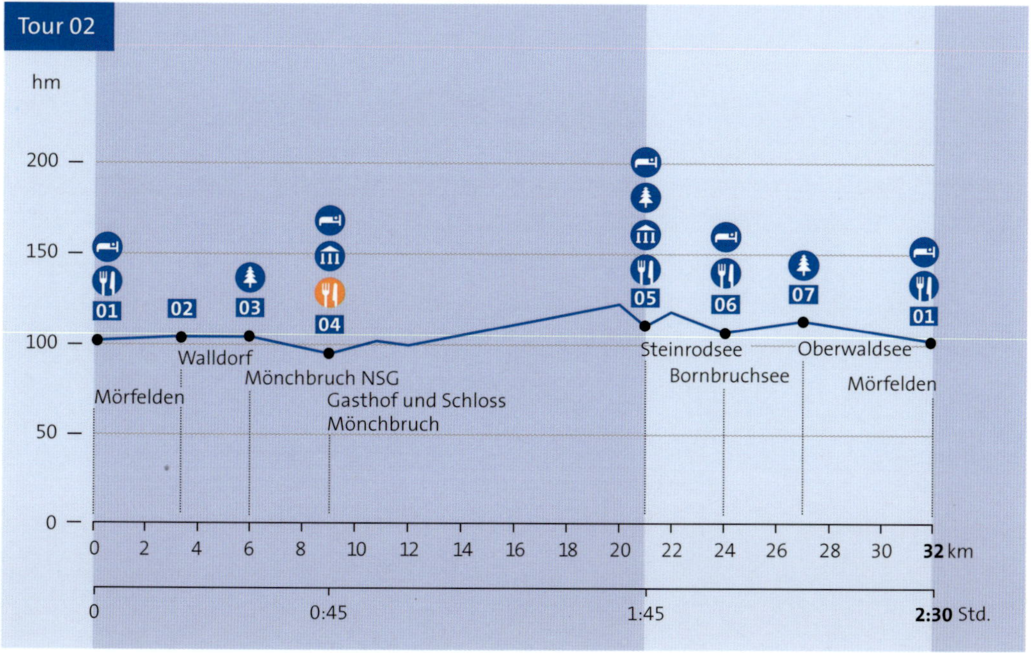

Mörfelden-Walldorf besteht aus ursprünglich zwei Gemeinden. Beide haben einen Bahnhof. Beide sind am RMV-Netz angeschlossen. Der Bahnhof in Mörfelden hat Ausgänge in beide Richtungen. Im Westen ist ein Großparkplatz. Es gibt zwei Unterführungen, so dass sie von den Gleisen aus in alle Richtungen kommen. Sie müssen auf jeden Fall in Richtung Parkplatz aussteigen. Dort beginnt der Weg.

Mörfelden – Steinrodsee / 21 km / 1:45 Std.

Start Wir starten unsere Radtour am Bahnhof in **Mörfelden** 01. Sie fahren vom Großparkplatz auf dem Radweg von der Stadt weg (nach Norden), umfahren den Parkplatz auf zwei Seiten und stoßen an der Ecke auf den 3 m breiten, asphaltierten Radweg nach Walldorf. Sie folgen dem Weg ca. 1,2 km bis zum Ortsanfang von Walldorf. Ein schöner Weg durch Obstbäume und Wiesen. Einmal müssen Sie auf dem

Durch das Wildgatter in den Waldweg nach Mönchbruch.

Weg durch eine Unterführung. Am Ortsanfang von **Walldorf** **02** biegt der Weg links weg (Schilder Richtung Jagdschloss Mönchbruch) und führt nun zwischen Ortsrand und Wiesen entlang, am Spielplatz vorbei. Am Ortsende biegt der Weg an der Y-Gabelung halbrechts ab, um dann gleich wieder links durch das Wildgatter in dichten Wald zu führen. Nun folgen schöne Waldwege.

Schon nach ca. 400 m biegt der Weg in rechtem Winkel nach links (den Schildern Mönchbruch nach). Mal sind die Schilder in grün (hessische Radwegeschilder), mal in rot (Naturparkrouten). Sie fahren nun auf einem breiten Weg immer geradeaus (hessischer Radweg 23 bzw. 8) drei Kilometer durch Wald bis zu einer großen Wegkreuzung: Hier biegen Sie rechts ab, in Richtung Jagdschloss und überqueren einen klaren Wildbach. Rechts von Ihnen liegt jetzt eine große Wiese und ein Rastplatz, links dichter Wald. Ge-

Rundwegschild Naturparkroute.

radeaus eine Allee mit sehr alten Bäumen. Sie fahren hier direkt in der Schneise startender Flugzeuge, die ziemlich dicht über ihren Köpfen fliegen. Mit der Kamera können Sie schöne Bilder machen, wenn Sie etwas Geduld haben. Sie folgen dem Weg 500 m, halten sich an der nächsten Gabelung links (Hauptweg) und stoßen nach 500 m erneut auf eine Kreuzung (Mönchbruchschneise). Hier fahren Sie wieder links (Richtung Mönchbruch). Nach ca. 350 m verlässt der Weg den Wald. Es geht über eine kleine Brücke in eine wunderbare Allee, der Sie nun gut zwei Kilometer folgen, bis Sie zum Jagdschloss kommen. Links und rechts liegen die Feuchtwiesen des **Naturschutzgebietes Mönchbruch** 03.

Bei einer T-Kreuzung schwenken Sie nach links durch das Gatter zu dem vor Ihnen liegenden **Jagdschloss Mönchbruch** 04, das aus mehreren einzelnen Gebäuden besteht. Sie fahren durch die Zufahrt, überqueren die Ampel an der B486 und stehen direkt vor dem wunderbaren Biergarten des Jagdschlosses, wo Sie sich eine erste Pause gönnen. Hier gibt's ein Hotel und ringsherum laden weitere Wege durch das Feuchtgebiet Mönchbruch zu diversen Rundtouren ein.

Das nächste Etappenziel ist der Steinrodsee. Sie fahren durch dichten Wald weiter und nehmen mehrere Richtungswechsel vor. Der See ist als Ziel nicht extra ausgeschildert.

Am Hotel des Jagdschlosses vorbei fahren Sie durch ein Wildgatter. Nach 500 m gelangen Sie zur Kreuzung „Rüsselsheimer Straße". Folgen Sie

Der Gundbach.

Allee durch den Mönchbruch.

dieser Schneise, einem Waldweg, nach links in Richtung Egelsbach/Mörfelden. Es geht gut zwei Kilometer geradeaus auf dem Radweg 10 (der Mainz und Aschaffenburg miteinander verbindet).

Sie stoßen auf eine Kreuzung, an der Sie den Weg 10 verlassen, der geradeaus weiter läuft. Folgen Sie nicht dem Schild links nach Walldorf, denn sonst ist die Tour gleich wieder zu Ende. Fahren Sie rechts in Richtung Erzhausen/Worfelden. Folgen Sie dem breiten Weg über einen Bach. Biegen Sie nach 350 m links ab in den Radweg 12/23 und folgen Sie diesem Weg in Richtung Worfelden. Der Weg beschreibt optisch eine Kurve, biegt manchmal an Kreuzungen ab und hält sich nicht an die rechtwinklig angelegten Schneisen. Folgen Sie den Wegen 12/23 über die Bahnlinie und die B44 in Richtung Worfelden. Dieses Stück ist insgesamt 2,7 km lang. Dann folgt wieder ein Richtungswechsel. Sie verlassen den Radweg 23 und biegen links ab auf den Radweg 12 und folgen nach 500 m dem Weg an der Kreuzung nach rechts (Radweg 12/21). Schon nach ca. 300 m verlässt die Route den Radweg 21 und bleibt jetzt knapp 3 km auf dem Radweg 12 durch Wald (Hügelschneise). Der Weg überquert nach einem Kilometer die L3113 und stößt dann auf eine schmale asphaltierte Straße (T-Kreuzung). Das ist die Zufahrt zum Steinrodsee.

Jetzt endlich ist der Steinrodsee auch auf den Radwegeschildern gekennzeichnet. Sie folgen der asphaltierten Straße nach rechts. Nach 1 km kommen Sie an einen kleinen See mit wunderbarem Biergarten. Gleich dahinter liegt der Campingplatz und links liegt der **Steinrodsee** **05**, den Sie unbedingt umrunden sollten. An der schmalen Seite des Sees finden Sie ein Fisch-Restaurant. Der See selbst ist heute Natursee. Es darf nicht mehr gebadet werden. Anschließend fahren Sie auf die asphaltierte Zufahrtsstraße und zur Kreuzung zurück.

Steinrodsee – Mörfelden / 11 km / 0:45 Std.

Nun beginnt die zweite Etappe der Tour, die Sie zurück zum Bahnhof in Mörfelden führt. Auf dieser Etappe finden Sie einen weiteren Campingplatz, ein Hotel und weitere Seen.

Bleiben Sie auf der asphaltierten Zubringerstraße, und auf dem Radweg 19. Nach etwa 250 m biegt die Zubringerstraße rechts ab, Sie fahren auf dem Radweg 19 geradeaus in den Wald. Sie überqueren die „Hintere Tagwiese“ und stoßen auf die Autobahn. Jetzt biegt der Weg links weg in die Dachsbergschneise und nach 1 km schwenkt der Weg Nr. 19 rechts ab in die Altschlagschneise und folgt dem etwas gewundenen Weg zum **Bornbruchsee** **06**, der rechts von Ihnen liegt. Sie fahren geradeaus weiter (rechts von Ihnen liegt ein Kalksandsteinwerk) und stoßen wieder auf den Radweg 10. Hier biegen Sie rechts auf den Weg 10 ab, folgen ihm am Kalksandsteinwerk entlang (Zaun), fahren bei der Y-Gabelung halbrechts und bleiben auf dem Radweg 10. Am Ende des Sees verlassen Sie den Weg 10, der geradeaus weiterführt und

Jagdschloss Mönchbruch.

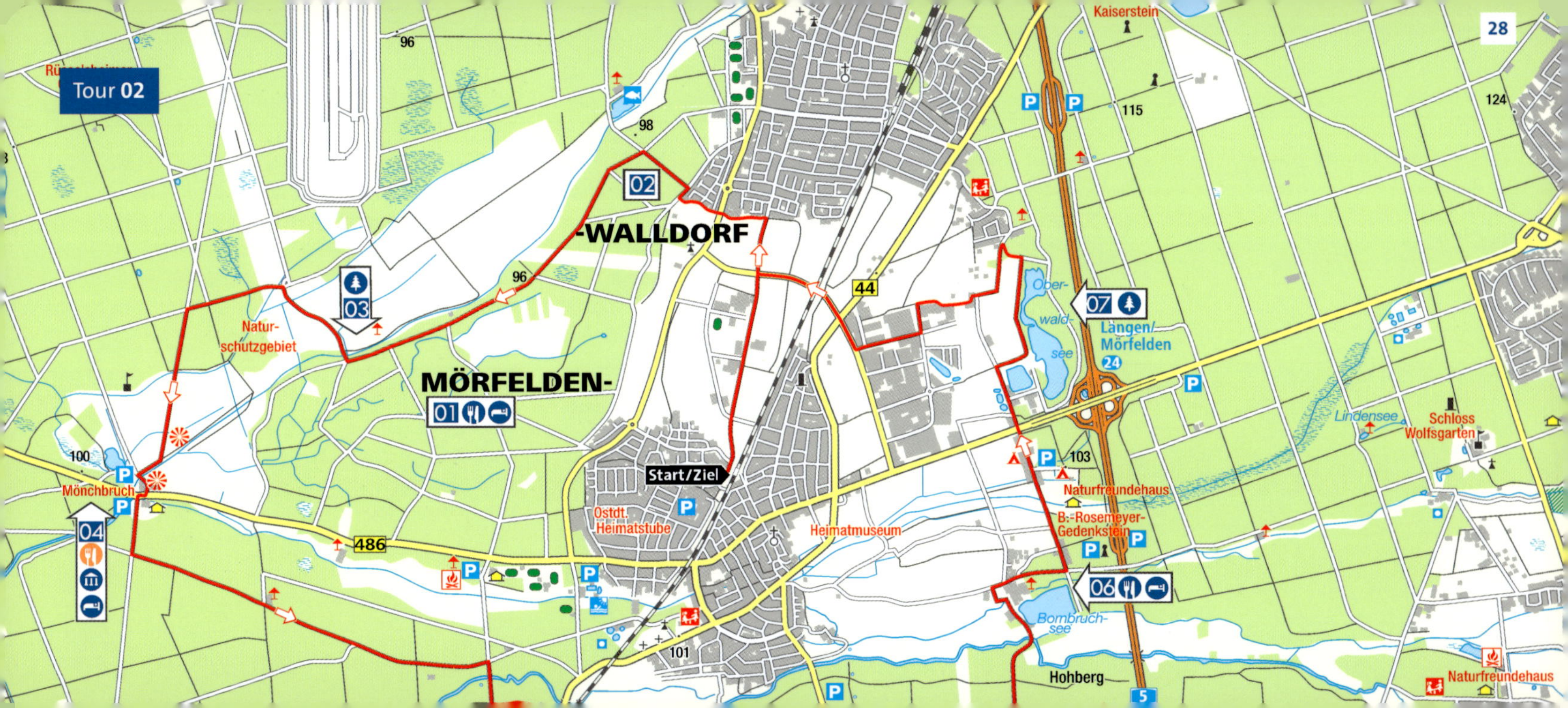
Tour 02
Kaiserstein
96
98
115
124
02
-WALLDORF
96
03
Natur-
schutzgebiet
MÖRFELDEN-
01
44
Ober-
wald-
see
07
Langen/
Mörfelden
24
Lindensee
Schloss
Wolfsgarten
100
Mönchbruch
04
486
Start/Ziel
Ostdt.
Heimatstube
Heimatmuseum
103
Naturfreundehaus
B.-Rosemeyer-
Gedenkstein
06
Bombruch-
see
101
Hohberg
5
Naturfreundehaus

Start/Ziel
Mönchbruch
04
486
Ostdt. Heimatstube
Heimatmuseum
Naturfreundehaus
B.-Rosemeyer-Gedenkstein
06
Bombruch-see
Hohberg
5
101
Naturfreundehaus
Frankfurt Egelsbach Airport
E451
OWK-Hütte
Ludwigs-eiche
103
44
90
Erzhausen
Dt. Fachwerkstraße
95
Rastanlage Gräfenhausen
115
Ohlenberg
Steinrod-see
05
Hunde-Eichen
Im Bachgrund
OWK-Hütte

Biergarten.

bleiben auf dem Rundweg (Weg 19/Rundwegeschilder). Sie biegen also links ab und fahren 1,5 km immer geradeaus. Sie überqueren die B486, radeln am Holiday Inn vorbei und fahren dann direkt durch einen Campingplatz (mit Pizza-Restaurant) bis zur nächsten Kreuzung. Jetzt folgen Sie den roten Rundwegeschildern der Naturparkrouten. Sie verlassen den Radweg 19 (der geradeaus weiter führt) und fahren rechts zum **Oberwaldsee** 07 (mit Aussichtsplattform). Dann fahren Sie in einem Bogen um die inzwischen wild bewachsene Mülldeponie herum, fahren an kleinen Tümpeln vorbei (Amphibienteiche), überqueren den Radweg 19 und kommen in das Gewerbegebiet Mörfelden

Sie folgen dem Rundweg, biegen links in die Straße und biegen sofort wieder rechts in die Kurhessenstraße (Schilder sind hier leicht zu übersehen), folgen der Straße etwa 500 m bis zur Querstraße (Industriestraße). Sie folgen dem Radweg Industriestraße nach rechts, überqueren an der Ampel die B44, fahren dann links neben der Ringstraße über die Eisenbahnbrücke und kommen nach 1 km zum Abzweig Mörfelden. Fahren Sie links die Rampe hinunter und geradeaus weiter. Nach 1,5 km haben Sie den Bahnhof **Mörfelden** 01 erreicht, am Wasserturm vorbei **Ziel**.

Wasserturm in Mörfelden.

AUSFLUGSZIELE / SEHENSWÜRDIGKEITEN & EINKEHRTIPPS

Naturschutzgebiet „Niederung Mönchbruch" 03
Kaum jemand weiß, dass das Naturschutzgebiet Mönchbruch Teil eines 4086 ha großen Schutzgebietes ist. Das zweitgrößte in Hessen. Es gab hier einmal ausgedehnte Sümpfe. Schaut man sehr weit zurück, so war hier einmal das Mündungsgebiet des Neckars in den Rhein, der hier mit vielen Nebenarmen durch das Flachland mäandert ist. Später floss der Main hier durch. Noch zu Zeiten der Kelten und Germanen war das ein riesiges Sumpfgebiet. Die Römer legten an den Hängen des Odenwaldes entlang eine befestigte Straße an, die Bergstraße. Heute ist das Gebiet weitgehend entwässert, Dennoch ist das Niederungsgebiet geblieben und es gibt hier auch noch ausgedehnte Feuchtgebiete. Das NSG ist heute umso wichtiger, weil das Gebiet durch den sich immer mehr ausbreitenden Frankfurter Großflughafen bedrängt wird und starken Emissionen ausgesetzt ist. Unsere Tour führt mitten durch das Gebiet. Es gibt noch weitere Touren durch den Mönchbruch.

Jagdschloss Mönchbruch 04 Das Jagdschloss liegt mitten im Naturschutzgebiet Mönchbruch. Es wurde um 1730 von dem Landgrafen Ernst Ludwig gebaut, der ein begeisterter Jäger war. Seit 1855 gibt es hier eine Oberförsterei. Heute gibt es neben mehreren alten Gebäuden des Schlosses das beliebte Ausflugslokal und ein Hotel mit gehobener Küche. Beides liegt direkt an der B486.

Steinrodsee.

„Jagdschloss Mönchbruch GmbH"
Mönchbruch 1, 64546 Mörfelden,Tel. 06105/92430, www.jagdschloss-moenchbruch.de

Steinrodsee 05 Er entstand in den 30er Jahren beim Abbau von Sand und Kies für den Autobahnbau Frankfurt–Darmstadt. Heute ist das ein Natursee, in dem sogar das Baden verboten ist. Viel Wald, ein Campingplatz, Anglerpark, Fischerkneipe und Biergarten.

Campingplatz Steinrodsee: Triftweg 33, 64331 Weiterstadt, Tel. 06150/53593, Camping.Koehre@t-online.de

Biergarten „Zum Anglerpark GmbH"
Ein Biergarten mit 2 Spielplätzen und Streichelzoo. 64331 Weiterstadt/Gräfenhausen, Triftweg 32, täglich von 9–22 Uhr, www.zum-anglerpark.de

Tourismusinformation siehe S. 139
Übernachtungsverzeichnis siehe S. 140

Tour 03 Rund um die Grube Messel

Familientour mit Sehenswürdigkeiten, Seen und Gasthöfen

26 km	2:00 Std.	90 hm	90 hm	

GPS-Koordinaten / Start
UTM Zone 32 x: 481.710 m y: 5.529.960 m

Startort: Messel, 160 m

Start/Ziel: Bahnhof Messel, 160 m

Charakter: Familientour. Gut ausgebaute Strecke, teils Waldweg, teils asphaltiert. Viel Wald. Badesee, Spielplatz, Bootfahren, Eisenbahnmuseum, u. v. m.

Verkehr: Einige Radwege verlaufen separat neben der Straße, sonst verläuft alles auf schönen Wald- und Feldwegen. Vorsicht ist geboten beim zweimaligen Überqueren der Dieburger Landstraße und ganz besonders in Messel, wo eine Fußgängerregelung fehlt

Tipp: Im Freizeitgebiet Oberwaldhaus/Steinbrücker Teich lässt sich die Radtour schön mit einer Ruderbootfahrt verbinden.

Ausflugsziele / Sehenswürdigkeiten & Einkehrtipps siehe S. 42/43

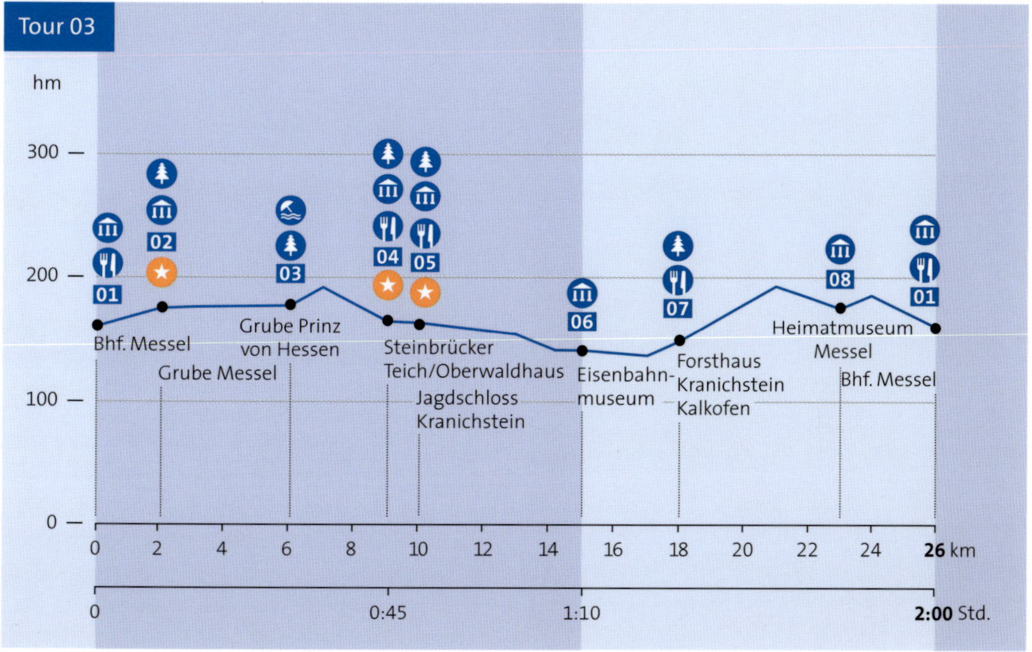

Dass diese Tour leicht und bequem zu fahren ist, zeigt ein Blick auf das Höhenprofil. Einzig das Stück zwischen dem Kalkofen und Messel zieht sich etwas, weil es stetig 3 km bergauf geht, aber damit hat man auch die Hälfte der gesamten Höhenmeter. Mit Kindern ist das eine Traumtour mit so vielen Sehenswürdigkeiten, dass man sie ruhig öfter fahren kann. Auch eine Abkürzung gibt es, so dass sich die Tour auf die ganz individuellen Bedürfnisse anpassen lässt.

Messel – Eisenbahnmuseum / 15 km / 1:10 Std.

Start Start am Bahnhof **Messel** 01 (RMV). Wer mit dem Auto anreist, findet hier auch einen großen Parkplatz. Fahren Sie über die Bahnschranke in Richtung Darmstadt. Der Radweg verläuft schmal neben der Straße und bringt Sie nach 1,5 km zum Abzweig der **Grube Messel** 02. Fahren Sie hinein, so kommen sie nach etwa 300 m zum Infozentrum des UNESCO

Weltnaturerbes. Es gibt Führungen, und durch eine Drehtür kommen Sie zur Besucherplattform (kostenlos). Das vermittelt Ihnen ein Bild von der Größe der Anlage. Sie sehen eine tiefe Grube und viele Erläuterungstafeln. Informieren Sie sich im Besucherzentrum (es werden u. a. Filme gezeigt) und besuchen Sie später auch das Heimatmuseum Messel, um sich Fossilien anzusehen (mehr davon gibt's im Senckenbergmuseum in Frankfurt). Nehmen Sie an einer Führung teil, wenn Sie Zeit haben, dann können Sie sogar bei Grabungen zusehen. Jetzt ist schon ein Teil des Tages um und Sie haben noch viele Programmpunkte vor sich. Als nächstes steht der Besuch der Grube Prinz von Hessen auf dem Programm.

Fahren Sie zur Straße zurück und neben dieser in Richtung Darmstadt bis zur nächsten Quer-

Grube Prinz von Hessen.

Ein kleiner Wildbach wird überquert.

straße weiter (Dieburger Landstraße), dort biegen Sie ab in Richtung Darmstadt. Der Weg verläuft breit und bequem links neben der Straße, durch einen Grünstreifen getrennt. Hier finden Sie kurz hintereinander (rechts und links der Straße) zwei beliebte Lokale. Nach gut einem Kilometer bemerken Sie unendlich viele parkende Fahrzeuge am Straßenrand. Hier ist der beschilderte Abzweig zum Badesee.

Sie folgen dem Weg links in den Wald. Wenige hundert Meter weiter liegt die **Grube Prinz von Hessen** 03, die im Sommer voll ist mit Badegästen. Hüpfen Sie einfach mal rein. (Hier gibt's auch Eis- und Wurstverkäufer). Dann fahren Sie auf dem Hauptweg (Nr. 1) weiter. Nach ca. 1,2 km gabelt sich der Weg, bleiben Sie halblinks. Das ist Genussradeln auf hohem Niveau, mitten durch den Wald, trotz geringfügiger Steigungen in Richtung Oberwaldhaus. Mit leichten Schwenkern geht es in der Regel stets geradeaus. Sie überqueren einen kleinen Bach und ein paar Meter weiter geht der Weg rechts weg und kurz darauf nochmals rechts.

Sie folgen dem R 8 (bzw. dem Ponyweg) und kommen direkt zum **Ausflugsgebiet Steinbrücker Teich/Oberwaldhaus** 04. Hier

Fahrt durch den Wald.

können Sie Eis essen, Kaffee trinken, Boot fahren, Minigolf spielen oder den Kinderspielplatz besuchen. Geradeaus vor Ihnen liegt der Parkplatz und die Dieburger Straße, die Sie zur Weiterfahrt überqueren müssen. Fahren Sie an der Schranke vorbei in den R 8. Überqueren Sie den kleinen Bach. Fahren Sie links, folgen Sie dem

Bienenhotel am Naturlehrpfad.

Weg 18, der Sie direkt zum Weiher am **Schloss Kranichstein** 05 führt. Das Schloss beherbergt ein sehenswertes Jagdmuseum und ein Gartenlokal. Ein Besuch lohnt sich.

Dann fahren Sie auf den Hauptweg (18) zurück und folgen ihm. Er führt in einem Bogen halb

Kranichsteiner Teich.

um den Teich, an einer Infostation (über Jagdsignale) vorbei und weiter zur Kranichsteiner Straße, die Sie überqueren. Sie fahren durch den Naturlehrpfad (Bienenhotel, Lehrgehölze usw.), immer geradeaus, am Infoplatz über Hunderassen vorbei, immer weiter geradeaus. Schließlich liegt links neben Ihnen ein Weiher und Sie stoßen auf die Bahnlinie.

Wer genug hat, kann jetzt den Weg rechts nach Messel nehmen und ist nach 4 km Waldweg wieder am Bahnhof.

Wer noch Kraft hat, der fährt hier links in Richtung Weiterstadt/Kranichstein und verlässt den R 8. Bleiben Sie auf dem breiten Weg neben der

Am Eisenbahnmuseum.

Kranichsteiner Teich.

Bahnlinie, am S-Bahnhof vorbei (gegenüber sehen Sie schon die Außenanlagen des Eisenbahnmuseums). Sie fahren durch die Eckhardwiesenstraße geradeaus bis zur Querstraße (Steinstraße), überqueren die Bahnlinie und nehmen nach 50 m die zweite kleine Querstraße rechts in Richtung **Eisenbahnmuseum** 06, das Sie nach 800 m erreichen.

Eisenbahnmuseum – Messel / 11 km / 0:50 Std.

Nach dem Besuch des Museums fahren Sie auf dem Weg weiter, biegen hinter dem Gebäude rechts weg, am Zaun entlang auf dem Weg 13, der Sie jetzt links in Felder und in eine Niederung führt. Bleiben Sie geradeaus und fahren Sie mitten durch die Pferdekoppeln (was besonders die Kinder freut). Bleiben Sie auf dem Hauptweg 13, der nach halbrechts schwenkt und einen kleinen Bach überquert. An der danach folgenden Wegekreuzung biegt der Weg rechts weg (!!), Weg 14 in Richtung Kalkofen. Andere Wege außer Acht lassen. Der Weg führt Sie direkt zum beliebten Ausflugsziel **Forsthaus Kranichstein/Kalkofen** 07, mit Kaffee und Kuchen und Rehen und Pfauen.

Danach bleiben Sie auf dem Hauptweg, der Sie durch dichten Wald und den Berg hinaufführt. Die knapp 4 km ziehen sich etwas. Sie fahren schließlich durch ein Wildgatter und stoßen auf die Umgehungsstraße von Messel, die Sie überqueren müssen. Vorsicht! Hier gehört eigentlich eine Fußgängerampel hin.

Auf der anderen Seite leitet ein schmaler Weg durch Büsche, der schnell breiter wird und an einem ehemaligen Forsthaus vorbeiführt. Sie sind jetzt in Messel und folgen dem Radweg Richtung Babenhausen/Dieburg, der Sie auf eine ruhige Straße führt (Darmstädter Straße). Beim Schild „Bahnhof Messel“, das nach rechts weist,

Gartenlokal in Kalkofen; im Spätherbst natürlich ohne Gäste, da schon geschlossen.

fahren Sie geradeaus weiter durch das Tor der Speisegaststätte Laumann. Bleiben Sie auf dem Radweg 14 geradeaus, Richtung Heimatmuseum. Genau auf der Ecke der Langgasse finden Sie dann das kleine (oben schon erwähnte) **Heimatmuseum** 08, das einen Besuch lohnt.

Dann fahren Sie in der Langgasse geradeaus weiter. Beim Radwegeschild biegen Sie zunächst rechts ab, dann gleich wieder links Richtung Dieburg/Babenhausen, an der Feuerwehr vorbei. Jetzt geht's auf einem Schotterweg geradeaus, an Kleingärten und Wiesen entlang, über eine Kuppe und dann ziemlich flott bergab bis zum Waldrand (Vorsicht, Schotter).

Wer will, kann hier noch ein Stück weiterfahren und dann mit einer Spitzkehre zum Bahnhof **Messel** 01 zurückkehren. Ich empfehle aber schon hier am Waldrand den bequemen Weg rechts zu nehmen, der Sie im Zickzack durch Wiesen und Felder führt. In der Ferne zeigt sich der Funkturm, aber so weit müssen Sie nicht mehr. Wenn Sie das Gewerbegebiet erreicht haben, fahren Sie noch ein Stück geradeaus und sehen schon das Ytonwerk und den **Bahnhof** rechts vor sich **Ziel**.

Heimatmuseum in Messel.

Tour 03
128
170
195
Dolmesberg
186
08
Heimat-
museum
Messel
01
Messeler Falltorhs.
Forschungszentrum
Dragonereichen
Forsthaus Kranichstein
Kalkofen
07
Karl-Hesse-
Eiche
Stahlberg
133
Dianaburg
Landgrafen-
eiche
Landgrafenteich
Hirtenteich
Bahnhof
Messel
155
Schnapsborn
157
Start/Ziel
Dianateich
ARHEILGEN
UNESCO-
Weltnaturerbe
Grube Messel
02
Fossilien-Fundstätte
Strohhmier-
teich
06
Eisenbahn-
museum
174
KRANICHSTEIN
Mainzer Berg
Sellb

06
Eisenbahn-museum
KRANICHSTEIN
174
Jagd-museum
Kranichstein
Jagdschloss
Bioversum
05
Fingereiche
Barkhausteich
Aliceneiche
Grube Prinz von Hessen
03
Mainzer Berg
Naturfreundehaus
Syenit
227
Haus auf der Noret
197
Hitzberg
Th.-Fuchs-Eiche
138
Bürgerpark
Nord
Fasanerie
Steinbrücker Teich
Freizeitzentr.
04
A.-Kekulé-Eiche
Naturfreundehaus
von-Ploennies Eiche
Mornewegeiche
Amorbuche
Scheftheimer Eiche
Darmstädter Forsthaus
Porzellan-mus.
DARMSTADT
146
Herrngarten
Hess. Landesmus.
Mathildenhöhe
189
Ost
26
Großer Woog
Naturfreundehaus
Botan. Garten
Hinterster Kahler Berg
192
198
Heinrich-Eidmann-Eiche
Heyer-eiche
Tannenkopf
226
200
OWK Birkenruhe
150
Gundernhausen

AUSFLUGSZIELE / SEHENSWÜRDIGKEITEN & EINKEHRTIPPS

Messel 01
Der Ort wurde im Jahre 800 erstmals erwähnt im Lorscher Codex und besteht heute aus den Ortsteilen Messel und Grube Messel.

Grube Messel 02 UNESCO Weltnaturerbe. Im Schiefergestein der Grube wurden mehrere Millionen Jahre alte Funde von Urtieren entdeckt, darunter das berühmte Urpferd. Infozentrum und Führungen.
Besucherzentrum Grube Messel
tägl. geöffnet, von 10–17 Uhr,
Service-Tel. 06159/717590; www.grube-messel.de
Dort können Sie auch Führungen buchen.

Badesee Grube Prinz von Hessen 03 Ehemaliger Baggersee östlich von Darmstadt, hat sich zum „wilden Badesee" entwickelt. Besonders begehrt bei vielen Nacktbadern. Gut mit dem Fahrrad anzufahren. 300 m neben dem Radweg Darmstadt-Dieburg. Im Sommer auch Eis und Wurst.

Steinbrücker Teich/Oberwaldhaus 04
Das Ausflugsgebiet Steinbrücker Teich liegt östlich von Darmstadt. Es bietet Minigolf, Ruderboote, Spielwiesen und Spielplätze, Liegewiesen, Ponyreiten und einen großen Biergarten + Eis im Oberwaldhaus. Im Sommer oft auch Open Air Musik und Events.

Oberwaldhaus, Dieburger Straße 257
64287 Darmstadt, Tel. 06151/712266.
www.oberwaldhaus-darmstadt.de

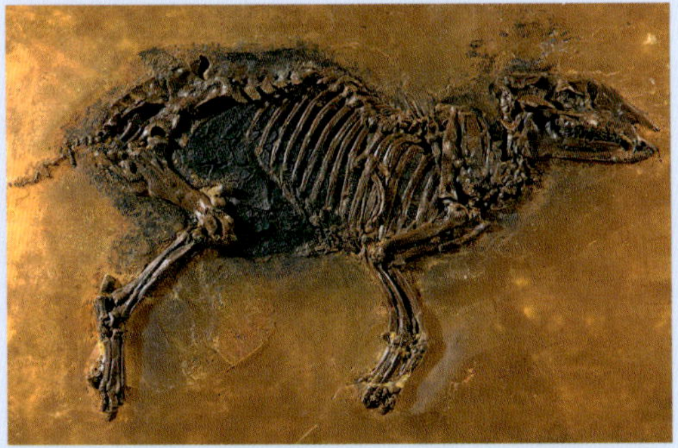

Das in der Grube Messel gefundene Urpferd (Foto mit freundlicher Genehmigung des Senckenbergmuseums, Frankfurt).

Jagdschloss Kranichstein/Kranichsteiner Teich
05 Neben dem idyllischen Teich, Kranichen und Schwänen gibt es ein Lokal mit Biergarten und das Jagdmuseum mit Schlossgarten im englischen Stil. Das barocke Jagdschloss ließ sich Landgraf Georg I. bauen, 1578 bis 1580

Hotel Jagdschloss Kranichstein
Kranichsteiner Straße 261, 64289 Darmstadt
Tel. 06151/97 790, Fax 06151/977920
www.hotel-jagdschloss-kranichstein.de

Eisenbahnmuseum 06 Das Eisenbahnmuseum in Darmstadt-Kranichstein wird von einem Club von Eisenbahnfreunden geführt. Auf dem früheren Rangierbahnhof stehen verschiedene Gebäude, die diverse alte Loks und Waggons beherbergen. Außerdem gibt es ein Freigelände und Räume für unterschiedlichste Utensilien.
Öffnungszeiten: So 10–16 Uhr, von April–Sept auch mittwochs.
64291 Darmstadt-Kranichstein, Steinstr. 7
Tel. 06151/376401; www.museumsbahn.de

Forsthaus Kranichstein/Kalkofen 07 Biergarten bei Darmstadt, mit Rehen, Pfauen, Café und Kuchen. Sehr beliebter Radlertreff, denn von hier aus kommen Sie auf vielen Routen quer durch den Wald und rund um Darmstadt und Dieburg.

„Zum alten Forsthaus Kalkofen"
Kalkofenweg 90, 64291 Darmstadt
Geöff. Mo–Fr ab 15 Uhr, Sa ab 12.30 Uhr, So ab 9.30 Uhr.
Tel. 06151/371480, Fax 06151/352748;
www.kalkofen.com

Heimatmuseum Messel 08 Das Heimatmuseum Messel liegt direkt im alten Ortskern. Ein kleines Fachwerkhaus mit Anbau, das aber innen total erneuert wurde. Lassen Sie sich nicht von dem Begriff „Heimatmuseum" täuschen. Es beherbergt sehr schöne Funde aus der Grube Messel und auch zu Römern und Germanen, die in diesem Gebiet einmal sehr aktiv gewesen sind.
Museumsverein Messel e.V.
Albert-Schweitzer-Str. 4a, 64409 Messel
Tel. 06159/5119, Fax 06159/715741
www.messelmuseum.de

Idyllische Biergärten begleiten Sie bei dieser Tour auf Schritt und Tritt, wie hier das Oberwaldhaus.

Tourismusinformation siehe S. 139
Übernachtungsverzeichnis siehe ab S. 140

Tour 04 Radwanderweg „Hohe Straße“

Höhenweg mit toller Aussicht

40 km	4:00 Std.	290 hm	290 hm		GPS-Koordinaten / Start UTM Zone 32 x: 483.220 m y: 5.556.100 m

Startort: Frankfurt-Bergen, alternativ: Frankfurt-Fechenheim, 103 m

Start/Ziel: Bushaltestelle Bergen, Marktstraße; alternativ: Straßenbahnhaltestelle Fechenheim

Charakter: Gut ausgebauter Höhenweg (markierter Radwanderweg) mit Wellen und guter Fernsicht. Infotafeln. Keine Gastronomie direkt am Weg. Hin- und Rückweg bieten ganz unterschiedliche Eindrücke

Verkehr: Keine Verkehrsbelastung, der Radweg überquert nur mehrfach wenig befahrene Landstraßen

Tipp: Viele Rastmöglichkeiten. Nehmen Sie sich ausreichend Proviant mit und ein gutes Buch, es gibt etliche „Leseecken“.

Ausflugsziele / Sehenswürdigkeiten & Einkehrtipps siehe S. 53

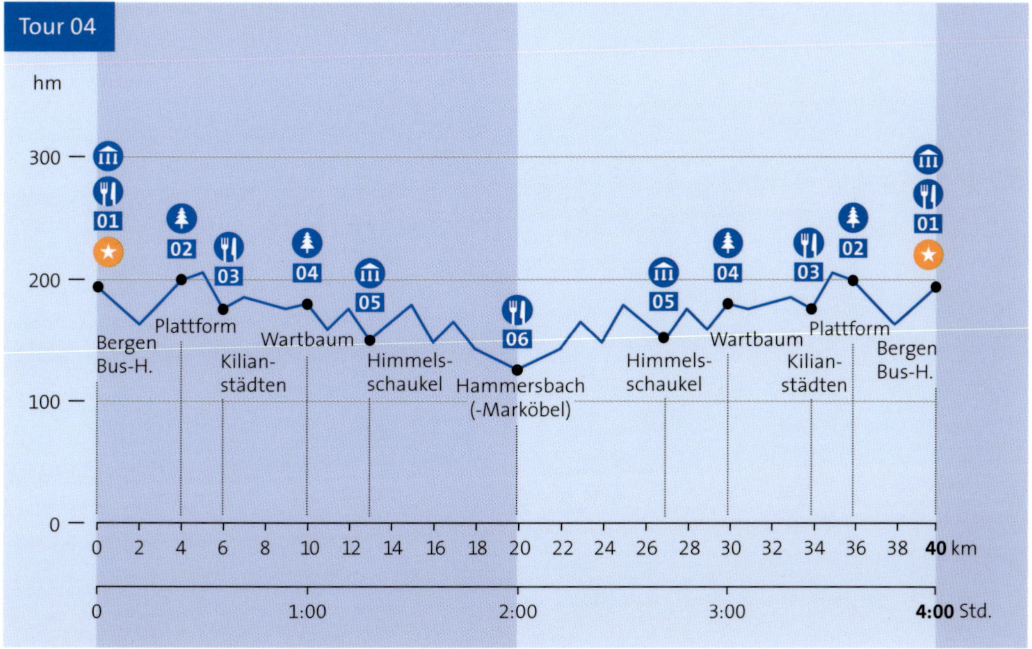

Die „Hohe Straße" ist derzeit nur 20 km lang, ein Höhenweg mit Start in Bergen und Ziel in Hammersbach(-Marköbel). Man kann diesen Radweg also bequem hin- und zurückfahren. Verbindungen mit öffentlichen Verkehrsmitteln gibt es viele. Am bequemsten ist vielleicht die Anfahrt in Bergen mit der Buslinie 43 aus Frankfurt und die Abfahrt in Hammersbach/Ortsteil Hirzbach Richtung Hanau mit Weiterfahrt nach Frankfurt.

Lassen Sie sich vom Profilverlauf nicht täuschen. Es gibt zwar viele Wellen, aber die Tour ist insgesamt bequem zu fahren. Es gibt nur ein kurzes Stück von etwa 300 m Länge, wo Sie eventuell absteigen werden.

Bergen – Hammersbach / 20 km / 2:00 Std.

Start Unser Startort ist der Anfang der Hohen Straße in **Bergen** 01 (die Bushaltestelle

Tipp für Rundweg

Sie können unseren Tourenvorschlag zu einem größeren Rundweg ausweiten und mit Anschluss-Radwegen verbinden:

1. Anfahrt in Fechenheim (Straßenbahnlinie 11) oder Hanau Hbhf., dann können Sie über den Grüngürtel-Radweg oder den R 4 hinauf zur Hohen Straße radeln. Am Ziel Hammersbach können Sie den Limes-Radweg nach Hanau nehmen und fahren dann neben dem Main zurück nach Frankfurt-Fechenheim. Das sind zusammen ca. 60 km.

2. Besonders sportliche Fahrer können die Tour verbinden mit einer Weiterfahrt zur Ronneburg und von dort aus mit dem Bus zurück nach Hanau fahren, wahlweise auf demselben Weg zurück.

Infotafel zur „Hohen Straße“.

Der schattige Rastplatz am Startpunkt.

ist nur wenige hundert Meter entfernt in der Marktstraße, das ist die Hauptstraße, die durch Bergen führt). Die **Hohe Straße** beginnt ganz unspektakulär oben auf dem Berg (Infotafel). Es gibt hier einen kleinen Parkstreifen für zwei Fahrzeuge und ein paar Meter weiter eine Raststelle unter Apfelbäumen. Hier finden Sie auch die Zufahrtswege nach Bad Vilbel, nach Bergen und Fechenheim.

Der Radweg geht erst mal geradeaus, leicht bergab und stößt dann auf den R 4, der hier den Weg kreuzt und der ein Verbindungsweg zwischen Hanau und dem weiter nördlich verlaufenden Vulkanradweg ist.

Sie stoßen auf ein Wäldchen, und fahren daran vorbei, überqueren die L3205 und kommen zum nächsten Wäldchen mit einer **Plattform** 02 als Aussichtspunkt auf die Skyline von Frankfurt (das sind so genannte „Leseecken").

Beschilderung an der Strecke.

Sie folgen dem Weg, überqueren die K872, fahren am nächsten Wäldchen vorbei und kommen zum Ruhepunkt **„Lausbaum“**. Immer wieder finden Sie am Rand diverse Infopoints, Leseecken mit Bänken, Schaukeln und Kunstwerke. Auch wenn's ein wenig auf und ab geht, lässt es sich bequem fahren – und oft werden Sie von Inlineskater und Wanderer begleitet

Ein Stück später überqueren Sie die die L3008 (Kilianstädter Straße). Hier ist ein kurzer Abzweig nach **Kilianstädten** 03 möglich, zur Creperie/Restaurant „Kleiner Franzose“. Zur Weiterfahrt bleiben Sie aber auf dem stets gut gekennzeichneten Weg der Hohen Straße. Nach gut 8 km stehen links und rechts der Strecke viele große Windmühlen. Sie halten sich weiterhin geradeaus, passieren die Leseecke **„Windecken“** und überqueren dann, nach knapp 12 Kilometer, die B45.

Unmittelbar danach trifft man auf den 400 Jahre alten **Wartbaum** 04 und mehrere Figurengruppen, „der Lehrgarten“. Hier müssen Sie ein wenig aufpassen. Es gibt eine Y-Gabelung. Fahren Sie unbedingt halbrechts, direkt am **Figurenpark** vorbei. Ein Stück weiter kommen Sie über eine Bahnlinie und die L3347. Hier müssen Sie wieder ein wenig aufpassen. Der Weg beschreibt einen kleinen Bogen und ein schmaler Weg führt über eine Brücke. Lassen Sie sich nicht verleiten, den bequemen, asphaltierten Weg nach rechts zu wählen, der nach Bruchköbel führt. Bleiben Sie auf diesem kleinen Weg, der schnell wieder breit und komfortabel wird. Es geht im Großen und Ganzen eben weiter bis

Figurengruppe am Wegesrand.

Tour 04
museum
Niederdorfelden
127
149
Atmusberg
159
Straße
51
151
Kleiner Weidberg
Galgenberg
Hohe
188
184
Brunnenmuseum
Weinberg
157
02
Lützelberg
146
155
521
Talberg
205
Aussichtspunkt
BAD VILBEL
Hühnerberg
198
Hohe
Straße
WACHENBUCHEN
203
BERGEN-
138
183
01
MAINTAL
Berger Warte
521
Hessische
Apfelweinstraße
106
212
Start/Ziel
P
116
Distelberg
113
66
Weinberg
BISCHOFSHEIM
HOCHSTADT
Ried-
teich
102
102
Hohe
Tännc
49
Gänse-

zur so genannten **„Himmelsschaukel“** 05 . Hier müssen Sie erneut Acht geben, da die Schilder fehlen. Rechts geht's nach Butterstadt, das ist falsch. Sie fahren an der Himmelsschaukel links und etwa hundert Meter weiter wieder rechts auf dem Wotansweg. Es geht durch Felder auf einem ewig lang erscheinenden Weg, dann gibt's eine kräftige Steigung und Sie passieren die Leseecke **Butterstadt**.

Sie folgen jetzt dem Weg in einer Art Rechts-Links-Kurve, dann geht's geradeaus weiter und wieder rechts-links den Schildern nach. Nach knapp 20 km Fahrstrecke stoßen Sie dann auf den **Milcheis-Marx**. Ein Bauerhof mit Eisverkauf. Es riecht auf dem Hof zwar nach Kuh, aber das Eis ist gut.

Sie fahren durch **Hirzbach**, überqueren die L3195 (Bushaltestelle) und radeln auf dem gekennzeichneten Weg weiter. Sie kommen dann an

Die „Himmelsschaukel“.

Tour 04
NIDDERAU
OSTHEIM
Pfingstberg
Hammersbach
179
141
49
WINDECKEN
Hirzbach
Gänseberg
Markököbel
06
Hattenberg
Gailenberg
179
Wartbaum
Himmels-
schaukel
05
166
Teufelskopf
Straße
04
BUTTERSTADT
Dt. Limesstraße
Michelsberg
189
Kilianstädten
Höhe
03
45
170
169
Rohrberg
153
Rüdigheim
Gelber Berg
188
ROSSDORF
NIEDER-
ISSIGHEIM
Affenberg
Schöneck
151
Neuberg
Atmusberg
159
Straße
OBERISSIGHEIM
Kauntsberg
Galgenberg
Höhe
188
149
Issigheimer Berg
142
Gänsberg
146
152
51

die L3009, fahren 50 m neben ihr entlang und biegen wieder rechts-links weg. Sie sind jetzt in **Hammersbach**, Ortsteil **Marköbel** 06. Ein Stück weiter gibt's Abzweige zum „Jägerhof“ und zum „Weinhaus Hagenfeld“. Wenn Sie auf den Limes-Radweg stoßen, der hier kreuzt, ist unser Wendepunkt erreicht. Nach einer ausgiebigen Rast und einem gemütlichen Mittagessen geht's wieder nach Bergen zurück **Ziel**.

Marköbel – Bergen / 20 km / 2:00 Std.

Obgleich der Rückweg auf derselben Strecke verläuft, nimmt man die Rückfahrt komplett anders wahr.

Mein Tipp: Wenn Sie erst mittags in Bergen-Enkheim losfahren, sehen Sie auf dem Rückweg einen wunderbaren Sonnenuntergang und den aufgehenden Mond über der Skyline von Frankfurt.

Ein spektakuläres Bild ergibt sich, wenn auf der Rückfahrt die Sonne über der Skyline von Frankfurt untergeht.

AUSFLUGSZIELE / SEHENSWÜRDIGKEITEN & EINKEHRTIPPS

Bergen 01

Bergen-Enkheim ist der höchst gelegene Stadtteil von Frankfurt und hat viele historische Gebäude aufzuweisen, u. a. das **Rathaus** und weitere alte Fachwerkhäuser entlang der Marktstraße. Sehenswert ist auch das Barockschlösschen **Schelmenburg**.
In früheren Zeiten sind Handelsstraßen gerne über Bergkuppen oder an Hängen angelegt worden. Das hatte gute Gründe. Zu Zeiten der Römer wurden die sumpfigen Talsohlen gerne gemieden. Man kam schlecht vorwärts. Städte und Befestigungen wurden indes gerne an Furten im Tal angelegt, dort also, wo man gefahrlos die Flüsse überqueren konnte. Das diente der Sicherung der Herrschaft. In der näheren Umgebung gab es solche Garnisonen u. a. in Hanau, Frankfurt, in Höchst und in Mainz. Die „**Hohe Straße**" hieß damals Via Regia. Sie führte durch halb Europa. Heute sind davon 20 Kilometer gut ausgebaut. Es sollen in Zukunft aber weitere folgen.

Tourismusinformation siehe S. 139
Übernachtungsverzeichnis siehe ab S. 140

Die „Hohe Straße".

Tour 05 Hanau-Steinheim und der grüne See

Familientour mit wunderbaren Ausflugszielen

27 km	2:15 Std.	45 hm	45 hm

GPS-Koordinaten / Start
UTM Zone 32 x: 494.050 m y: 5.550.560 m

Startort: Hanau-Steinheim, 105 m

Start/Ziel: Hanau-Steinheim, Am Stadttor/Mainuferweg, 111 m

Charakter: Gut ausgebauter Rundweg ohne eigene Kennzeichnung. Regionale Schilder vorhanden. Der Weg ab Seenplatte ist ohne Karte nicht ganz leicht zu finden, da einige Schilder und Markierungen fehlen

Verkehr: Lediglich im Stadtbereich von Steinheim radeln Sie kurzzeitig auf allerdings ruhigen Nebenstraßen

Tipp: In der Seenlandschaft können Sie die Tour nach Belieben ausweiten. Für Steinheim sollten Sie sich ausgiebig Zeit lassen und ein Besuch von Hanau lohnt allemal.

Ausflugsziele / Sehenswürdigkeiten & Einkehrtipps siehe S. 63

Übersicht

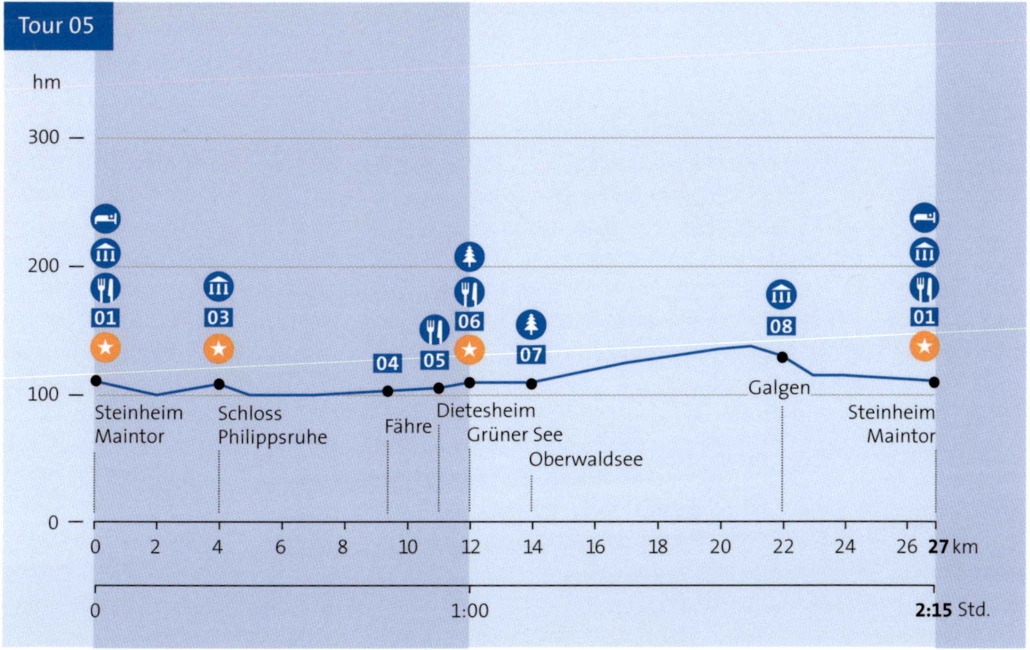

Wir starten unsere Tour unterhalb des Stadttors in Hanau-Steinheim (auch Maintor genannt). Der S-Bahnhof ist ca. 1 km entfernt, unsere Route führt fast daran vorbei. Sie können also auch dort starten. In jedem Fall ist das Maintor ein gut erkennbares Bauwerk für den Ausgangspunkt der Tour. Steinheim ist selbst schon ein lohnendes Ausflugsziel, und eine Besichti-

Das „Maintor", Stadttor in Steinheim.

gung sollten Sie nach der Rückkehr unbedingt einplanen.

Steinheim – Grüner See / 12 km / 1:00 Std.

Start Vom **Maintor** in **Steinheim** 01 aus fahren Sie auf dem Main-Radweg in Richtung Hanau. Schon nach kurzer Zeit kommt eine Engstelle mit wenig Sicht – aufpassen! Dann geht's durch eine Allee und der Weg stößt vor der Eisenbahnbrücke auf eine Gabelung. Zunächst müssen Sie sich an der Gabelung vor der Brücke links halten, dann wieder links, Richtung S-Bahn und sofort scharf rechts die Rampe hinauf. Sie überqueren die Brücke in Richtung Hanau und radeln anschließend die Rampe wieder steil hinunter. Zum Schloss Philippsruhe ist es jetzt ausgeschildert. Sie fahren auf der rechten Mainseite in Richtung Hanau und folgen stets dem Weg, der etwas mäandert. Sie kommen an einer Pizzeria vorbei, biegen rechts ab und sofort wieder links, dem R 3 folgend. Wenn Sie auf die Konrad-Adenauer-Straße stoßen, folgen Sie weiter dem R 3, der wieder links wegbiegt und Sie durch Grün zur Mündung der Kinzig in den Main bringt. (Nach rechts wäre ein lohnenswerter Ausflug in die nahe Innenstadt von **Hanau** 02 möglich.)

Fahren Sie unter der Kinzigbrücke durch, die Rampe hinauf auf die rechte Seite der Straße in Hanau-Kesselstadt (auch links verläuft ein Radweg, der rechte ist aber breiter). Sie fahren gut gekennzeichnet in Richtung Hanau, dann biegt der Weg am Fußgängerweg links weg, hinunter zum Main. Kurz darauf ist die Abfahrt zum **Schloss Philippsruhe** 03 erreicht.

Auf Kopfsteinpflaster geht es eine Rampe hoch, zum schmiedeeisernen Tor das zum Schloss/Park führt und das Sie nach rund 4 km durchfahren. Sie fahren um das Schloss herum und in den eng-

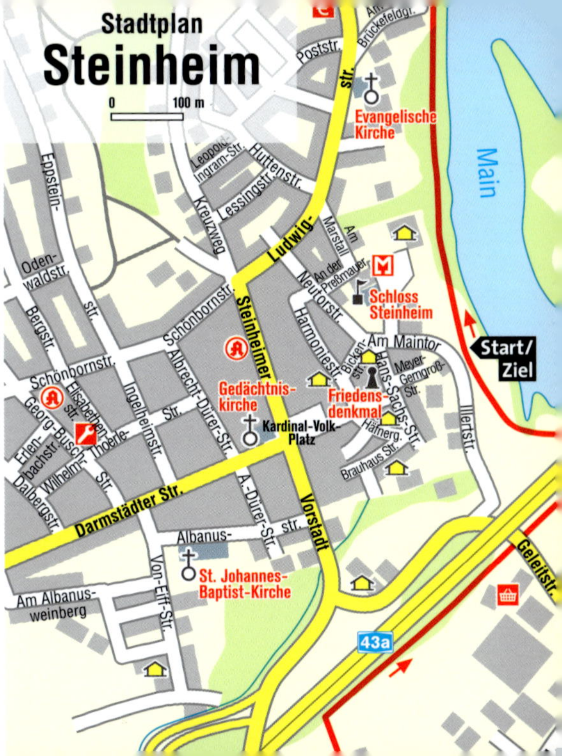

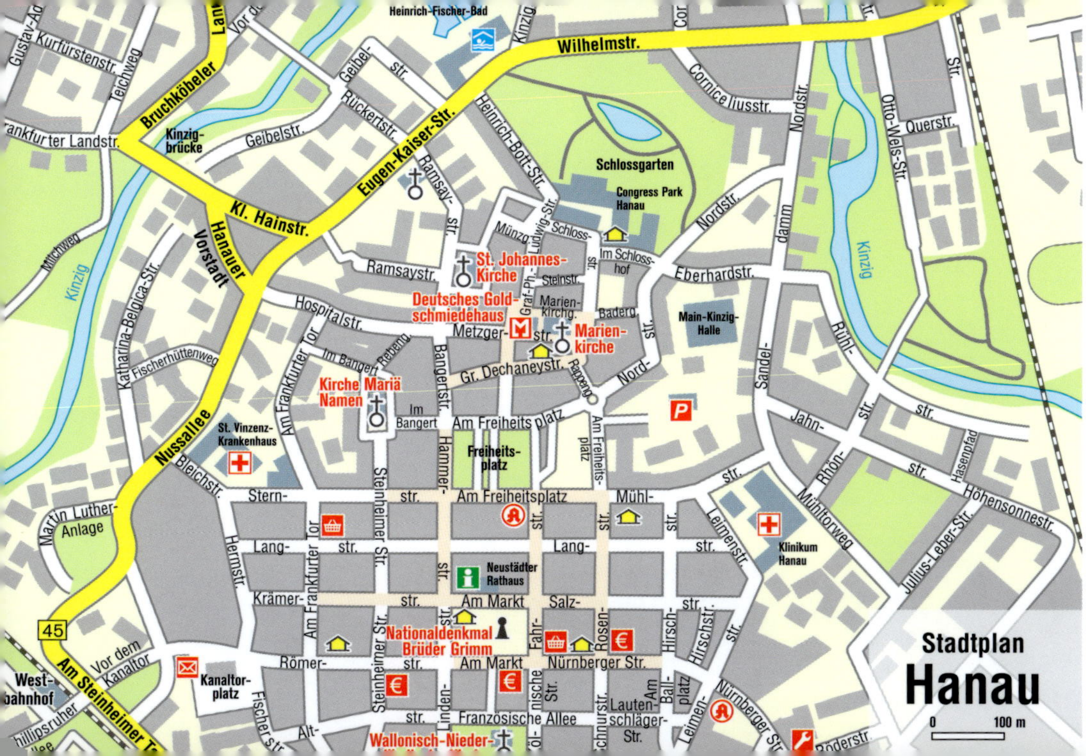

Die Weggabelung vor der Eisenbahnbrücke in Steinheim.

lischen Park hinein. Gönnen Sie sich ruhig eine kurze Pause, das Schloss kann besichtigt werden und der Park ist sehr empfehlenswert.

Zwei breite Rampen führen wieder direkt zum Radweg am Main hinunter. Folgen Sie dem breiten Radweg am Spielplatz und an der Schleuse vorbei (wo sie den Main bereits überqueren können, wenn Sie wollen). Der Weiterweg führt in eine Allee und ein Wäldchen hinein, dann geht's weiter durch Wiesen und in den Randbereich von Dörnigheim. Vorbei am Lokal zur Mainlust und einem Spielplatz mit Spielwiesen gelangen Sie zur **Fähre** 04, die Sie nach knapp 9 km erreichen. Hier überqueren Sie den Main und gelangen nach Mühlheim am Main.

Fahren Sie wieder die Rampe hinauf und folgen Sie geradeaus der Hauptstraße. Behalten Sie diese Richtung bei, ignorieren Sie wegführende

Fähre

Fährzeiten: 1. 4.–30. 9. tägl. 5.30–22.00 Uhr
Sonntag + Feiertag ab 7 Uhr
1. 10.–31. 3. Werktags 5.30–21.00 Uhr
Sonntag- und Feiertag 8.00–20.00 Uhr

Gartenansicht von Schloss Philippsruh, mit englischem Park.

Schilder und bleiben Sie stets geradeaus Richtung Stadtmitte und S-Bahnhof, teils auf einem Radweg, teils auf der Straße. Linker Hand sehen Sie bald einen Turm vor sich und haben es fast geschafft. Sie erreichen eine Querstraße und rechts von Ihnen liegt der S-Bahnhof (mit Gasthof und Biergarten). Sie fahren am Bahnhof vorbei und 200 m weiter eine Rampe hinab zur Unterführung und auf die andere Seite der S-Bahn.

Der Radweg nach Hanau-Dietesheim, dem Sie weiter folgen, biegt hier sofort links ab. Sie fahren neben der Bahnlinie, manchmal auf dem Radweg, manchmal auf der ruhigen Straße, der Weg mäandert immer wieder ein wenig. Es geht an der Großbäckerei Heberer vorbei (was Sie am Backduft unschwer erkennen), der Weg wird schön und führt zum S-Bahnhof **Dietesheim** 05. Rechts von Ihnen liegt der „Wingertsweg" und ein Lokal „Zum Sportheim". Hier müssen Sie abbiegen.

Lustvolles Radeln Richtung Dörnigheim.

Sie haben nun eine total grüne Etappe vor sich. Mit dem Wingertsweg überqueren Sie den Südring, bleiben geradeaus und stoßen auf einen Querweg (Schilder Teckelclub, ASV Mühlheim, Polizeihundeschule, Anglerheim). Hier fahren Sie nach links und gelangen so direkt zum Naturschutzgebiet rund um den **Grünen See** 06 und zum beliebten Waldgasthof mit

Biergarten „Zum grünen See“, der das ganze Jahr geöffnet hat und nur in den Wintermonaten montags geschlossen ist.

Grüner See – Steinheim / 15 km / 1:15 Std.

Eine Rundtour durch die Seenlandschaft ist empfehlenswert, zumindest sollte man einmal um den **See** herum radeln und der spektakulären Brücke über die Schlucht einen Besuch abstatten. Sie können baden oder die Seen an etlichen Aussichtsplattformen genießen.

Fahren Sie anschließend auf der Hauptstrecke zwischen dem Hansteinweiher, dem grünen See und dem **Oberwaldsee** 07 hindurch. Ein breiter und bequemer Waldweg leitet Sie weiter, immer wieder mit seitlichen Abzweigungen zu Aussichtsplattformen. Folgen Sie nun diesem Hauptweg immer geradeaus, wenn Sie direkt und einfach nach Steinheim zurück wollen.

Die Brücke über die Schlucht beim See.

Tour 05
Main
MÜHLHEIM
am Main
DIETESHEIM
Biebernsee
Brückfeld
Käsmühle
LÄMMERSPIEL
Gailenberg
130
Galgen
Hanstein-Weiher
Grüner See
Oberwaldsee
STEINHEIM
Kultur-halle
Museum Schloss Steinheim
Start/Ziel
Schloss Philippsruhe
Brüd.-Grimm-Denkmal
Stadtplan S. 57
INNENSTADT
Kinzig
HANAU
Museumseisenbahn Hanau
GROSSAU
Kunstraum69
KLEIN-AUHEIM
Tistrasee
103
108
107
116
105
104
111
43
45
43a
04
05
06
07
08
03
02
01

Nach der Spahnschneise halten Sie sich bei der Weggabelung rechts und kurz darauf bei einer **Querwegkreuzung** haben Sie die Möglichkeit nach rechts abzubiegen und am **Galgen** 08 vorbei und über Klein-Auheim einen schönen, aber – da unmarkiert – etwas schwierigen Rundkurs nach Steinheim zu machen. (Im Kasten links finden Sie die zur Orientierung hilfreichen GPS-Daten).

GPS-Daten (Strecke über Klein-Auheim)

Wegkreuzung: Y 5552607 N / X 3492025 O

> 14 Y 5552406 N / X 3491843 O
> 15 Y 5552364 N / X 3491905 O
> 16 Y 5551906 N / X 3491833 O
> 17 Y 5551852 N / X 3492198 O
> 18 Y 5551905 N / X 3492534 O
> 19 Y 5550933 N / X 3492495 O
> 20 Y 5550379 N / X 3492462 O
> 21 Y 5551054 N / X 3494037 O
> 22 Y 5551684 N / X 3493855 O
> 23 Y 5551958 N / X 3494167 O
> 24 Y 5552101 N / X 3494203 O
> 25 Y 5552219 N / X 3494075 O

Der kürzere und problemlosere Weg führt an der Kreuzung nach links und beim nächsten Querweg sofort wieder nach rechts. Dann geradeaus, Sie verlassen den Wald und gelangen bei einem so genannten Wendehammer ins Gewerbegebiet von Steinheim. Fahren Sie geradeaus in die Senefelder Straße, links am Sconto-Möbelmarkt vorbei. Sie überqueren die Otto-Hahn-Straße (Kreisel), folgen dem Gailingsweg über die Hermann-Ehlers-Straße in einem halblinken Bogen bis zur Eppsteinstraße. Links an Bushaltestelle vorbei und im Kreisel sofort rechts in die Doornerstraße Richtung Kulturhalle und bis zum Kreisel der Wilhelminenstraße. Im Kreisel geradeaus stoßen Sie auf eine große Straße, der Sie rechts etwa 50 m folgen und sofort links wegbiegen („Am Brückfeldgraben").

In der Altstadt von Steinheim

Damit kommen Sie direkt auf den Mainradweg, dem Sie nach rechts folgen und der Sie kurz darauf wieder zum „Maintor" und nach **Steinheim** 01 zurückbringt.

AUSFLUGSZIELE / SEHENSWÜRDIGKEITEN & EINKEHRTIPPS

Steinheim 01

Altstadt und **Schloss** Um 1200 wurde hier mit dem Bau einer Burg begonnen, um die sich bald ein Ort bildete, Groß-Steinheim erhielt im Jahr 1320 die Stadtrechte durch König Ludwig IV. verliehen. Der Bergfried des Schlosses ist noch erhalten, ebenso viele Wehrmauern. Das ist – bei entsprechender Vorsicht – ein interessantes und ideales Kletterfeld für Kinder. Für die Erwachsenen ist die schöne alte Fachwerkstadt wichtiger, mit all ihren Biergärten und Weinkneipen. Es gibt so viele davon, dass hier eine Aufzählung gar nicht möglich ist. In Steinheim kann man den Tag kulinarisch so richtig ausklingen lassen; deshalb ist die Besichtigung auch bewusst ans Ende der Tour gelegt worden: mit vollem Bauch lässt sich schlecht radeln.

Schönes Gartenlokal in Steinheim.

Hanau 02

Schloss Philippsruhe liegt im Ortsteil Kesselstadt, direkt am Main und unmittelbar an unserem beschriebenen Radweg. Wenn wir am rechten Mainufer Richtung Schloss Philippsburg fahren, gelangt man für einen Abstecher schnell und problemlos in den Hanauer Innenstadtbereich, z. B. über die Philippsruher Allee. Hanau ist ehemalige Residenzstadt der Grafen von Hanau. Im II. Weltkrieg wurde die Altstadt fast völlig zerstört.

03 Sehenswert ist das ehemalige **Stadtschloss** mit Schlosspark, das am Nordrand der Altstadt liegt, malerisch umgeben von der Kinzig, die bei Hanau in den Main fließt. Außerdem das alte Hanauer **Rathaus**, die Reste der ehemaligen **Stadtmauer**, das **Goldschmiedehaus**, die Kuranlage **Wilhelmsbad** mit Park (das liegt nördlich von Kesselstadt) und natürlich **Schloss Philippsruhe** sowie die alte **Fasanerie** in Klein-Auheim. Berühmt sind die Gebrüder-Grimm-Festspiele und die Philippsruher Schlosskonzerte.

Naturschutzgebiet „Grüner See" 06

Grüner und Blauer See, Hahnsteinweiher und Oberwaldsee sind Teile einer Seenlandschaft, die durch Kies- und Sandabbau entstanden ist. Alle Seen, die an manchen Stellen recht tief sind, liegen in der Nähe von Hanau, aber auf der anderen Seite des Mains. Die Seen sind heute Naturschutzgebiet, mit einer Vielzahl von Seerosen und seltenen Libellenarten im Uferbereich. Es ist ein Ausflugsgebiet mit viel Wald und vielen Wanderwegen, die auch mit dem Rad sehr komfortabel zu fahren sind. Allerdings gibt es fast keine Hinweisschilder. Das macht das Fahren für Ortsunkundige etwas schwierig. Es gibt steile Hänge und viele Aussichtsplattformen. Ein besonders beliebtes Ausflugsziel ist die Brücke über die Schlucht.

Waldgasthof „Zum grünen See" (mit Biergarten), das ganze Jahr geöffnet. Am Hansteinweiher 75
63165 Mühlheim am Main, Tel. 06108/755 31

Tourismusinformation siehe S. 139
Übernachtungsverzeichnis siehe ab S. 140

Tour 06 Rund um den Flughafen und den Langener Waldsee

Ein Erlebnis von Technik und Größe, Natur und Ruhe

30 km	2:30 Std.	80 hm	80 hm		GPS-Koordinaten / Start UTM x: 475.740 m Zone 32 y: 5.541.070 m

Startort: Buchschlag Sprendlingen (Dreieich), 128 m

Start/Ziel: Bahnhof Buchschlag (Dreieich), 128 m; Park & Ride-Platz 100 m neben dem Bahnhof

Charakter: Durchgehend Radweg, überwiegend asphaltiert, mit geschotterten Passagen und Teilstücken als Waldweg

Verkehr: Die Tour verläuft auf Radwegen. Am Nordrand des Flughafens Berührung mit viel Verkehr (Ampelanlagen beachten). Zum Badesee muss man die Brücke auf der Autostraße überqueren

Tipp: Von den Besucherplattformen lassen sich herrliche Fotos von startenden und landenden Flugzeugen machen. Vergessen Sie nicht Ihre Badesachen – und besuchen Sie das Zeppelinmuseum.

Ausflugsziele / Sehenswürdigkeiten & Einkehrtipps siehe S. 75

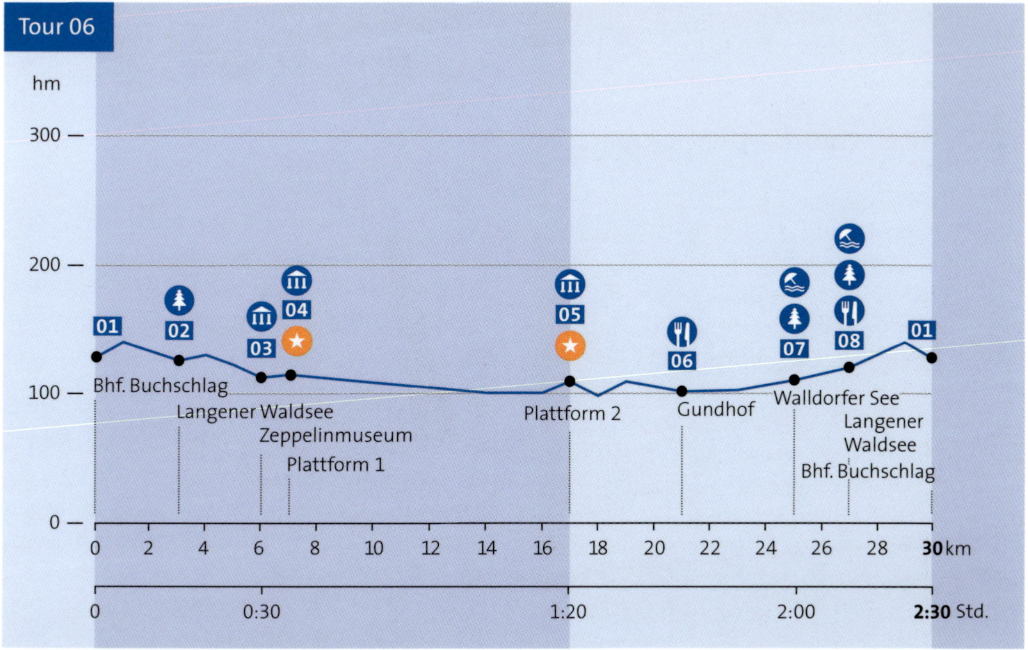

Buchschlag – Plattform 2 / 17 km / 1:20 Std.

Start Wir starten die Tour am Bahnhof in **Buchschlag** 01. Sie überqueren die Bahngleise, fahren sofort links auf der Straße in das kleine Gewerbegebiet Richtung Langener Waldsee/ Zeppelinheim/Walldorf/Terminal 2 (Schild) und biegen am Ende rechts in die kleine Sackgasse mit dem hübschen Namen „Am Siebenstein" ab.

Am Ende dieses Sträßchens führt ein Weg durch Büsche in den Wald. Wundern Sie sich nicht. Fahren Sie sofort rechts in die Molkenbornschneise und sofort wieder links in die Wildscheuerschneise (Schilder/Radweg Nr. 6). Folgen Sie dem Weg geradeaus. Er führt Sie nach 1 km direkt zur Spitze des **Langener Waldsees** 02. Wenn Sie auf einen der umliegenden Hügel klettern, können Sie ihn vor sich liegen sehen.

Sie biegen hier rechts ab in die Kirchschneise und folgen dem Radweg 15 ungefähr 1,7 km. Der Weg biegt rechts zur Verbindungsstraße Buchschlag–Zeppelinheim ab, folgt ihr ca. 200 m und schwenkt dann halbrechts weg, um die Brücke über die B44 zu überqueren (die hier autobahnähnlich ist). Sie radeln die Rampe hinab und gelangen direkt nach Zeppelinheim. Folgen Sie dem Wegschild nach rechts (Forsthausweg) und dann links-rechts in die Flughafenstraße, die quer durch Zeppelinheim führt. Auf dem Radweg entlang der Straße stoßen Sie rechter Hand in der Parallelstraße auf das **Zeppelinmuseum** **03**.

Danach fahren Sie auf dem Radweg weiter bis zum S-Bahnhof Zeppelinheim. Dort finden Sie einen beliebten „Ausflugskiosk“ mit Biergarten. Sie radeln durch die Unterführung und gerade-

Zeppelinmuseum in Zeppelinheim.

aus in den Wald und erreichen nach rund 7 km die Brücke über die Autobahn (A5). Sie stehen nun direkt auf der ersten Besucher-plattform (**Plattform 1** 04), einem beliebten Aussichtspunkt, weil Sie hier die startenden und landenden Flugzeuge phantastisch beobachten können. Hier empfiehlt sich ein Foto mit langer Brennweite (Digital 250–400 mm oder Analog 350–600 mm). Auch für Kinder ist das lebhafte Geschehen auf der Rollbahn und in der Luft sehr spannend.

Anschließend nehmen Sie den bequemen, asphaltierten Radweg nach rechts, direkt am Zaun entlang. Auch hier haben Sie weitere Fotomöglichkeiten. Direkt über Ihren Köpfen liegt die Einflugschneise. Rechts neben ihnen verläuft die Autobahn, nur durch einen Grünstreifen getrennt, und oft genug ist diese noch lau-

Startendes Flugzeug.

ter als die landenden Flugzeuge. Sie bleiben weiterhin auf dem Weg und gelangen zur Nordostspitze des Flughafens. Hier beginnen die Flughafengebäude. Folgen Sie dem bequemen Radweg, der jetzt nach links neben die Straße schwenkt und fahren Sie unter der Hochbahn hindurch. Sie bleiben im Prinzip immer auf dem Radweg entlang der Straße, bis Sie nach gut 11 km zum gut erkennbaren Flughafen-Hauptgebäude kommen, das links von Ihnen liegt. Nun heißt es aufgepasst! Es gibt etliche Straßen hier und mehrere Ampelanlagen. An der Ampel im Kreuzungsbereich Hugo-Eckner-Ring/Ankunftbogen führt der Weg auf die andere Straßenseite. Das ist leider durch Schilder nicht gut zu erkennen. Links hört der Weg dann auf. Vor sich sehen Sie rechter Hand den riesigen neuen Hotelkomplex des Hilton.

Der Radweg verläuft jetzt direkt zwischen der Autobahn und der Flughafen-Rundstraße (Nord-

Bild links: Hochbahn; Bild oben: Radweg neben der Autobahn Richtung Hilton-Komplex.

passage/Hugo-Eckner-Ring/Airport-Ring), breit und komfortabel und immer geradeaus, der Straße entlang. Verschiedentlich müssen Straßen mit Ampelregelung überquert werden, manchmal fahren Sie unter Hochstraßen hindurch und passieren weitere Hotels, Abfertigungshallen, Parkhäuser und Frachteinfahrten.

Sie erfahren im Wortsinn einen lebendigen Flughafen, der voller Aktivität steckt. Dass diese Betriebsamkeit natürlich nicht gerade leise vor sich geht, sollte Sie aber auf Ihrer Fahrt nicht besonders beeinträchtigen.

Sie fahren auch an den neuen Rampen vorbei, die ab Sommer 2011 fertig sind. Sie führen über die Autobahn, zu weiteren Landebahnen. Auf diesen Rampen werden die Flugzeuge über die Autobahn und über unsere Köpfe hinweg gezogen. Ein wahrlich gigantisches Schauspiel, das man einmal erlebt haben sollte.

Radweg im Süden des Flughafens.

Nach insgesamt etwa 14,5 km erreichen Sie schließlich die Nordwestspitze des Flughafens. Auch hier entstehen gigantische Flugzeug-Brücken (2010–2012). Sie bleiben auf dem bequemen Radweg, überqueren eine Ampel und haben linker Hand wieder gute Sicht auf die startenden Flieger. Der gut ausgebaute Radweg, der jetzt von Wald begleitet wird, bringt Sie an die Südwestspitze des Flughafens und zum nächsten beliebten Besucher-Aussichtspunkt (★ **Plattform 2** **05** 🏛), der nicht auf den ersten Blick zu erkennen ist. Rechts von Ihnen liegt ein kleiner Parkplatz. Von diesem führt eine Rampe hinauf. Bei dieser Besucherplattform haben Sie direkten Einblick in die Startbahn Süd und sehen die Flieger, die hier anrollen, auf ihr Startsignal warten, dann in die Startbahn drehen und Gas geben. Die Flugzeuge der westlichen Startbahnen fliegen fast direkt über Ihren Kopf. Beide Aussichtsplattformen haben ihren je eigenen Reiz.

Plattform 2 – Buchschlag / 13 km / 1:10 Std.

Fahren Sie auf den Radweg zurück und unter der Landebahn hindurch. Der Radweg verläuft

Flieger biegt in die Startbahn ein.

Die weitläufigen Gundwiesen.

wieder neben der Flughafenstraße und an den Servicegebäuden der Lufthansa vorbei. Hier wird in den nächsten Jahren weiter gebaut, so dass sich die Dimension des Flughafens und seine Wegführung ständig verändert.

Nach ungefähr 19 km schwenken Radweg und Straße scharf nach rechts ab in den Wald. Wir empfehlen Ihnen immer auf diesem Radweg zu bleiben, auch wenn es hier alternative Wege durch den Wald gibt, die Sie durch Wildgatter erreichen. Dazu brauchen Sie aber eine Detailkarte oder Ortskenntnisse. Unser Weg neben der Straße ist ruhig und bequem und er ist asphaltiert. Er führt Sie zunächst an einem riesigen Grillplatz im Wald vorbei, dann verlassen Sie den Wald und gelangen in eine breite Wiesenlandschaft mit Bach (die Gundwiesen).

Am Beginn der Wiesen überqueren Sie die Straße und radeln linker Hand durch das Wildgatter in einen Waldweg. Sie folgen dem naturbelassenen Weg bis zum Campingplatz. Hier geht's halbrechts und Sie stoßen direkt auf eine Querstraße, den Zufahrtsweg zum Campingplatz. Linker Hand liegt das Ausflugsziel **„Gundhof“** 06 und lädt mit seinem Biergarten zu einer willkommenen Rast ein. Lassen Sie sich verführen.

Einkehr im Biergarten des Gundhofs.

Danach wird's etwas schwieriger, mangels guter Schilder. Sie nehmen die Zufahrtsstraße „Am Gundhof“ und schwenken dann entweder rechts-links in einen schmalen Weg oder zunächst links, dann den zweiten Weg rechts, über den Bach und gleich wieder rechts. Hier treffen sich beide Wege wieder. Nun weiter geradeaus bis Sie auf Häuser treffen. Hier fahren Sie links, auf dem Radweg entlang der Hecken

Am nächsten Querweg schwenken Sie nach rechts in den Weg, der zwischen den Häusern hindurch führt („Farmstraße“). Fahren Sie geradeaus bis zur Querstraße, dann rechts und sofort wieder links (weiterhin Farmstraße) und weiter durchs Gewerbegebiet bis zum Kreisel und zur Aschaffenburger Straße. Nach 23,5 km überqueren Sie links über eine Brücke die Bahngleise und kurz darauf über eine weitere Brücke die Autobahn.

Alternativroute (in der Karte grün markiert)

Nehmen Sie nach dem Gundhof, wenn Sie bei den Häusern angelangt sind nicht die Farmstraße, sondern radeln Sie links an den Häusern entlang in einen weiteren Waldweg und vor bis zu einem Bahnübergang. Über die Bahn und unter der Autobahn hindurch und zunächst parallel zur Autobahn. Der Weg knickt leicht ab und bringt Sie auf die Verbindungsstraße zwischen Zeppelinheim und Plattform 1. Dort rechts und auf bekanntem Weg zurück nach Buchschlag.

Achtung: Hier gibt es nur einen 50 cm breiten Radweg links der Straße, die allerdings wenig befahren ist. Sie bleiben auf dem Weg, der bald breiter und wieder zu einem richtigen Radweg wird und Sie direkt zur Einfahrt zum **Walldorfer See** **07** leitet, mit Parkplatz und Badestrand .

Weiter auf dem Radweg links der Straße, treffen Sie nach 150 m auf die Frankfurter Landstraße, die Sie überqueren. Jetzt aufpassen. Fahren Sie sofort links in den Waldweg, der die Straße begleitet. Sie kommen nach wenigen hundert Me-

Zufahrtsstraße zum Langener Badesee.

Tour 06
KELSTERBACH
Unterschweinstiege
Ffm.-Flughafen-Nord
Ffm.-Süd
Commerzbank Arena
Fasan
Ffm.-Flughafen
Terminal 2
Frankfurter Kreuz
Terminal 1
Kelsterbach
Plattform 1
Luftbrückendenkm.
Cargo City Nord
Cargo City Süd
ZEPPELINHEIM
Zeppelinmuseum
Zeppelinheim
Gespitzweiher
BUCHSCHLAG
Deutsche Fachwerkstr.
E451
03
04
113
110
107
111
106
105
114
120
116
101
103
43
44
22
51
22/50
50
49
23
5
3
40

Cargo City Nord
Cargo City Süd
Plattform 1
Plattform-2
Luft-brücken-denkm.
ZEPPELINHEIM
Zeppelin-museum
Zeppelinheim
BUCHSCHLAG
Start/Ziel
Deutsche Fachwerkstr.
Deutsche Fachwerkstraße
Gundhof
Walldorfer See
Langener Waldsee
Kaiserstein
Modell-flugplatz
E451
44
486
01
02
03
05
06
07
08
105
101
103
114
116
120
111
124
96
98
115

Am Langener Badesee.

tern zu einer Querstraße, die Sie rechts zum Langener Badesee führt. Zunächst am Verwaltungsgebäude des Kieswerkes vorbei, folgen Sie der (hier stark befahrenen) Straße. Auf dem Radweg neben der Zubringerstraße gelangen Sie direkt zum Eingang des riesigen **Langener Waldsees** 08 (mit Campingplatz und Badestrand). Natürlich gibt's im Bad auch einen Kiosk, und wer Campingurlaub macht, kann die Tour selbstverständlich von hier aus starten.

Der Rückweg zu unserem Ausgangspunkt führt zur Zufahrtsstraße zurück und am Wendehammer in den Waldweg Nr. 6 (für Autos gesperrt). Sie stoßen nach einer Geradeausfahrt direkt auf den Querweg 15 (hier identisch mit Weg 6) und folgen schließlich dem Weg 6 bis Sie wieder am Bahnhof in **Buchschlag** 01 eintreffen **Ziel**.

Tipp für MTB-Radler

Wer mit dem Mountainbike unterwegs ist, findet rund um den Baggersee ein ideales Gebiet um sich auszutoben: mit Sandbergen, Gefällstrecken, Holperwegen und Steilhängen. Für Jugendliche genauso spannend, wie für MTB-Cracks.

AUSFLUGSZIELE / SEHENSWÜRDIGKEITEN & EINKEHRTIPPS

Zeppelinmuseum 03
Geöffnet Fr 13–17 Uhr, Sa, So und feiertags 10–17 Uhr. Wer Interesse an Architektur hat, sollte auch die Zeppelinsiedlung besuchen, die links von der Flughafenstraße liegt und ursprünglich für die Mitarbeiter errichtet wurde.

Plattform 1 04 und **Plattform 2** 05
Die Aussichtsplattformen am Frankfurter Flughafen ziehen jeden Tag Dutzende von Zuschauern an, meist mit Ferngläsern und langen Brennweiten. Besonders begehrt sind Fotos von bunt bemalten und seltenen Maschinen. Es gibt eine richtige Tauschbörse für solche Bilder. Die Plattform 2 (im Westen) kann mit dem Auto angefahren werden. Es gibt hier einen Parkplatz. Von hier aus ist die Startbahn Süd einsehbar. Bei den meisten Besuchern ist die Plattform 1 (im Osten) beliebter, weil dort alle landenden Maschinen drüberfliegen. Sie ist nur mit dem Fahrrad oder zu Fuß erreichbar, am besten von Zeppelinheim aus über die Fußgänger-Autobahnbrücke.

Der Gundhof 06
Ein Gartenlokal, das sich großer Beliebtheit erfreut. Am Gundhof 2, 64546 Mörfelden, Tel. 06105/5968
Das Ausflugslokal liegt direkt am Campingplatz. Campingplatz Mörfelden, Am Zeltplatz 5–15, 64546 Mörfelden-Walldorf, Tel. 6105/22289
www.campingplatz-moerfelden.de

Der Walldorfer See 07, Badesee/Freibad an der Kreuzung Frankfurter Landstraße/Aschaffenburger Straße; eintrittspflichtig, mit Angelsee und großem Parkplatz.

Der Langener Waldsee 08, Badesee mit Eintritt und Campingplatz. Mit separatem Nacktbadestrand. An der Kleinseeschneise bei Walldorf.
Strandbad Langener Waldsee, 63225 Langen
Tel. 069/692688, www.waldsee.langen.de

Tourismusinformation siehe S. 139
Übernachtungsverzeichnis siehe ab S. 140

Am Walldorfer See.

Tour 07 Grüngürtel Süd: Gerbermühle – Goetheturm – Höchst

Familienfreundlich unterwegs im Frankfurter Stadtwald

23 km | 2:00 Std. | 70 hm | 76 hm

GPS-Koordinaten / Start
UTM x: 480.090 m
Zone 32 y: 5.550.450 m

Startort: Frankfurt-Fechenheim, 103 m; alternativ: Offenbach (Großparkplatz, 103 m)
Start: Gerbermühle, 101 m (Gerbermühlstraße 105)
Ziel: Frankfurt-Höchst, 95 m
Charakter: Durchgehender Radweg, teils geschottert, teils Waldweg, mit vielen Spielplätzen, Weiher, Biergärten und Aussichtspunkten, nur ein kurzer, aber heftiger Anstieg im Stadtteil Oberrad (kurzes Schiebestück)
Verkehr: Außer wenigen Straßenüberquerungen hält man sich nur auf Radwegen auf

Tipp: Diese Tour ist empfehlenswert für heiße Tage, denn sie bietet viel Wald und Schatten; sehr lohnenswert ist eine ausgiebige Besichtigung der Altstadt von Höchst!

Ausflugsziele / Sehenswürdigkeiten & Einkehrtipps siehe S. 88/89

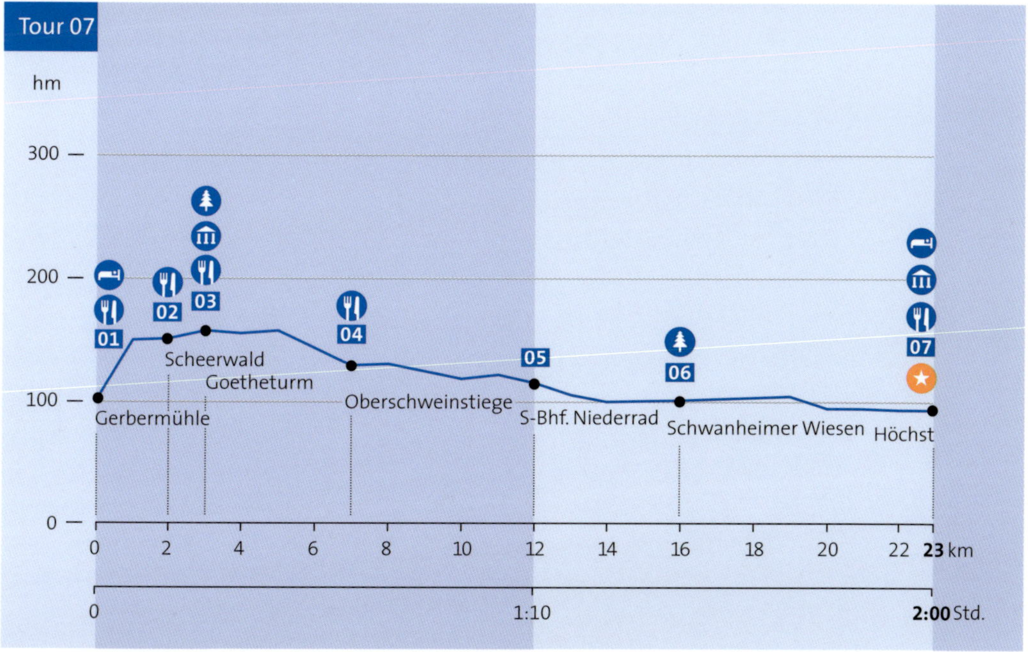

Wir starten unsere Tour an der Gerbermühle in Frankfurt. Dies hat strategische Gründe. Der beliebte Biergarten ist ein Begriff. Er liegt direkt am Main und er kann von allen Seiten bequem mit dem Fahrrad angefahren werden, sei es aus Frankfurt, Aschaffenburg, Isenburg oder Hanau. Wer von weiter weg kommt, der sollte sich als

Die Grüngürtel-Markierung.

Startpunkt entweder die Haltestelle der Straßenbahnlinie 11 in Fechenheim merken (Schießhüttenstraße bzw. Mainbrücke) oder wahlweise den direkt am Main gelegenen Großparkplatz in Offenbach (samstags in Teilen Flohmarktgelände). Dort können Sie bequem mit dem Auto anreisen, die Fahrräder Huckepack. Von beiden Startpunkten radeln Sie am Main entlang – auf dem Main-Radweg – Richtung Frankfurt-Innenstadt und kommen in der Höhe des Frankfurter Hafens bzw. der Rudervereine zur Gerbermühle, unserem Ausgangspunkt. Wenn Sie aus Fechenheim unterwegs sind, müssen Sie natürlich die Fechenheimer Brücke auf dem Radweg überqueren.

Gerbermühle – S-Bhf. Niederrad / 12 km / 1:10 Std.

Start Vom Main-Radweg aus geht der Grüngürtel-Radweg in rechtem Winkel weg, direkt neben dem Gasthof **Gerbermühle** 01.

Die lange grüne Schneise zum Waldspielplatz.

Wenn Sie aus Offenbach kommen, finden Sie zwar schon vorher einen Abzweig Richtung Oberrad/Maunzenweiher und weiter zur Grastränke und zum Monte Scherbelino. Aber das ist ein Wanderweg, den Sie bitte nicht benutzen sollten: Nehmen Sie erst den Weg direkt neben der Gerbermühle. Er ist ausgeschildert in Richtung Goetheturm und Waldspielpark Scheerwald und markiert mit dem Symbol des Grüngürtel-Radwegs.

Fahren Sie die leichte Steigung zur Straße (Deutschherrnufer) hinauf, überqueren sie die Straße an der Ampel und radeln Sie geradeaus durch die Unterführung der Bahnlinie in die Oberräder Wiesen (Speckweg). Fahren Sie weiter geradeaus, zwischen die Häuser bis zur Querstraße (Offenbacher Landstraße), dann rechts und gleich wieder links in den Hansenweg. Auf der ruhigen Straße geht es bergauf, Sie haben auf 1,4 km gut 50 m Steigung vor sich, wobei Sie das erste Stück vielleicht schieben müssen. Später verlässt der Weg die Häuserzeilen und geht in einen asphaltierten Weg durch Kleingärten über, mit jetzt sehr moderater Steigung. Sie kommen auch an einem kleinen Pferdehof vorbei.

Nach knapp 2 km stoßen Sie auf den Sachsenhäuser Landwehrgraben und den Wald. Über eine kleine Brücke überqueren Sie einen Graben und treffen auf einen querlaufenden breiten Radweg. Vor Ihnen liegt der Waldspielplatz **Scheerwald** 02 mit Grill und Restaurant.

Sie folgen dem breiten ebenen Waldweg nach rechts, Richtung Goetheturm (Schilder), den Sie rund einen halben Kilometer später erreichen. Am **Goetheturm** 03 ist der nächste Großspielplatz mit Restaurant. Mit Kindern wer-

Goetheturm.

den Sie die beiden Spielplätze kaum ohne einen kurzen Besuch passieren können. Den Goetheturm kann man besteigen und hat – bei schönem Wetter – eine phantastische Aussicht auf Frankfurt und den Taunus.

Die Beschilderung für Radfahrer ist sehr gut.

Am Fuß des Goetheturms befindet sich ein Waldgasthof, ein Kiosk und ein meist überfüllter Parkplatz. Außerdem gibt es hier eine kleine Erhebung mit einer nachgebildeten griechischen Säule aus dem 19. Jh. (Klassizismus).

Direkt nach dem Goetheturm biegt der Weg links in den Wendelsweg und in den Wald (Schilder). Kurz danach fahren Sie bei einer Abzweigung rechts und folgen den Schildern in Richtung Oberschweinstiege.

Sie erreichen die B3, überqueren sie auf einer Brücke und folgen dem Weg zunächst nach rechts ab und kurz darauf wieder nach links (Schilder). Bei der nächsten Kreuzung halten Sie sich halbrechts (Schilder), überqueren die Darmstädter Landstraße (Holzbrücke) und gelangen schließlich zum Waldgasthof **Oberschweinstiege** 04 (Ausflugsrestaurant am Jacobiweiher). Diese ideale und im Sommer stark be-

Brücke über die B3, auf dem schattigen Weg Richtung Oberschweinstiege.

suchte Jausenstation hat das ganze Jahr über geöffnet. Der angrenzende Jacobiweiher lässt sich umrunden.

Nach der wohlverdienten Rast geht es dann auf dem Hauptweg weiter. Sie überqueren die Stra-

Holzbrücke über die Darmstädter Landstraße.

ßenbahnlinie (Linie 14 Südbahnhof–Zoo–Oberschweinstiege–Neu Isenburg) und ein Stück weiter einen Parkplatz. Wenn Sie auf die nächste Straße (L3317) stoßen, fahren Sie nicht geradeaus weiter zur Fasanerie, sondern Sie biegen rechts ab und folgen dem Radweg neben der Straße durch den Wald in Richtung Höchst/ Waldstadion.

Sie überqueren die Eisenbahn über eine Brücke, fahren ein kleines Stück neben der Straße auf dem R 8 und folgen dem Radweg dann in den Wald und in Richtung Waldstadion. Ein sehr schön zu fahrender Waldweg.

Wenig später umfahren Sie den Parkplatz des Waldstadions (heute Commerzbank-Arena) und überqueren auf einer Brücke die Mörfelder Landstraße (B44), immer den Schildern „Grüngürtelradweg/R8“ nach. Sie radeln die Rampe hinunter, machen eine Schleife und folgen den

Parkplatz beim Waldgasthof Oberschweinstiege.

Schildern in einen Waldweg nach links (Tiroler Schneise). Anschließend geht es gleich wieder rechts in die Sperberschneise. Sie gelangen zum **S-Bahnhof Niederrad** 05 (Haltestelle der Commerzbank-Arena), fahren links die Zubringer-

Der Jacobiweiher bei der Oberschweinstiege.

straße lang (die oft von wilden Parkern verstellt ist), vorbei am Forsthaus Niederrad und durch die Unterführung hindurch.

S-Bhf. Niederrad – Höchst / 11 km / 0:50 Std.

Der R 8 schwenkt nun links weg in Richtung Höchst. Der asphaltierte Weg führt leicht über Hügel (in der Nähe liegt ein Golfplatz) und Sie folgen der Rechtskurve des Radwegs durch den Wald bis zur Autobahn.
Sie unterqueren diese und halten sich geradeaus, vorbei am Friedhof Goldstein, parallel zur Straßenbahnlinie. Der Weg ist eine richtige Rennstrecke, bis Sie zu den **Schwanheimer Wiesen** 06 kommen.

Sie biegen links weg, am Waldrand entlang, dann geht es – bei Schildern – wieder nach rechts neben der Wiese weiter. Sie folgen dem Weg an Sportplätzen vorbei, bis Sie einer Ab-

Wunderbar angenehme Fahrt auf dem R 8.

Tour 07
FRANKFURT
am Main
Start
Gerbermühle
Offenbach-Kaiserlei
OBERRAD
Leder- u. Schuhmuseum
01
02
03
04
05
Haupt-bahnhof
Eiserner Steg
Museums-ufer
Mus. für Angewandte Kunst
Filmmus.
Architekturmus.
Städel Mus.
Südbf.
Henninger Turm
Main
RIESHEIM
NIEDERRAD
Licht- u. Luftbad Niederrad
Ffm.-Westhafen
Ffm.-Niederrad
Bürostadt Niederrad
SACHSENHAUSEN
Goetheturm
Waldspielpark Goetheturm
Warte
Waldfriedhof
Waldspielpark Scheerwald
Offenbach-Taunusring
Galopp-renn-bahn
Waldspielpark Louisa
Lerchesberg
Wolfstränke
Buchrain-weiher
Klepper-tränke
Maunzen-weiher
ROSENHÖHE
LAUTE
NFH
Körnereiche
Königsbrunnen
Waldschulheim
Oberschweinstiege
Jacobiweiher
Forsths. Tiroler Hütte
Commerzbank Arena
StadtWaldHaus
Fasanerie
Gras-tränke
Försterwiesen-weiher
Kesselbruch-weiher
Mörderbrunnen
Monte Scherbelino
Offenbacher Kreuz
Geisfeld
Offenbach
KAISERLEI
E451
85

zweigung nach rechts in die Wiesen folgen. Zunächst wieder links durch die Wiesen bis der Weg rechts in den Wald abbiegt und – auf einem recht steilen Stück – die B40 überquert. Kurz darauf stoßen Sie auf einen Querweg (K 813), der Sie nach links an Kleingärten entlang weiterführt.

Bei einer Ampel kommen Sie zur Leunastraße und folgen dem sehr breiten Weg nach rechts in Richtung Höchst, an einem Großparkplatz vorbei. Bei einer weiteren Ampel folgen Sie der Abzweigung nach rechts. Geradeaus würde es zur Mainbrücke gehen (da gibt es auch einen Radweg), aber der Grüngürtel-Radweg biegt hier rechts weg und folgt der Beschilderung immer geradeaus, am Schützenhaus vorbei, bis zur kleinen Höchster Fähre, wo Sie über den Main nach **Höchst** 07 übersetzen können **Ziel**.

Die Fähre bringt uns über den Main nach Höchst.

Tour 07
HÖCHST
FRANKFURT
am Main
NIED
GRIESHEIM
NIEDERRAD
SCHWANHEIM
GOLDSTEIN
Porzellan-
museum
Ziel
Stadtplan S. 87
Main
Industriepark
Frankfurt-Höchst
Ffm.-
Westhafen
Ffm.-
Niederrad
Verkehrs-
mus.
Waldspielpark
Schwanheim
Schwanheimer Wiesen
Bürostadt
Niederrad
Licht- u.
Luftbad Niederrad
Galopp-
renn-
bahn
Waldspielpark
Louisa
Hauptbahnhof
Eiserner
Steg
Museums-
ufer
Filmmus.
Architekturmu
Städel Mus.
Königsbrunnen
Waldschulheim
Forsths.
Tiroler Hütte
Commerzbank
Arena
StadtWaldHaus
Fasanerie
Eisenbahn
siedlung
83
06
05
04
E451
5
43
40
20
21
90
93
94
96
99
109
112
113
143

Die gesamte Grüngürtel-Tour ist knapp 70 km lang. Man kann das an einem Tag bewältigen, das muss aber nicht sein, zumal es im Bereich Bergen eine Reihe von teils heftigen Steigungen gibt. Sie können in Höchst Ihre Tour beenden und zu Ihrem Ausgangspunkt nach Fechenheim bzw. nach Offenbach mit der Straßenbahn zurückfahren. Sie können aber genauso gut in einem von mehreren Hotels in Höchst übernachten und Ihre Fahrt mit der zweiten Hälfte der Grüngürtel-Tour am nächsten Tag fortsetzen.

Die Straßenbahnhaltestelle liegt hinter dem Bolongaropalast (Linie 11, Zuckschwertstraße). Eine Besichtung der sehenswerten Altstadt von Höchst dürfen Sie auf keinen Fall versäumen.

Tor zum Schlossplatz der Höchster Altstadt.

Höchst – nicht nur eine Chemie-Stadt

Nehmen Sie eine Besichtigung von Höchst in Ihr Programm auf, denn diese Stadt hat mehr als das Klischee einer Chemiestadt zu bieten. Wenn Sie mit der Fähre übersetzen, sehen Sie auf der anderen Seite schon die alte Justinuskirche. Und links von Ihnen präsentiert sich das Schloss, die ehemalige Wasserburg. Etwas weiter rechts liegt der eindrucksvolle Bolongaropalast und geradeaus gelangen Sie direkt in die schöne Altstadt mit Marktplatz und herrlichen Kneipen. Ein Szenetreff am Main und das Idyll der Niddamündung sind weitere Höhepunkte einer Stadttour. Höchst war schon in der Jungsteinzeit besiedelt. Später errichteten die Römer an dieser wichtigen Furt über den Main eine Festung. 1000 Jahre lang gehörte das Gebiet dann den Bischöfen von Mainz.

Nidda-Idylle.

Das Höchster Schloss.

AUSFLUGSZIELE / SEHENSWÜRDIGKEITEN & EINKEHRTIPPS

Gerbermühle 01

Die Gerbermühle (Hotel mit Restaurant und Biergarten) liegt direkt am Main-Radweg, etwa auf halbem Weg zwischen Offenbach und dem Eisernen Steg.

„Die Gerbermühle“, 60594 Oberrad , Gerbermühlstr. 105 (für GPS-Anfahrt: Deutschherrenufer 105), Tel. 069/68977790, www.gerbermuehle.de

Scheerwald 02

Unweit des Goetheturms gibt es zwei **Waldspielplätze**. Der „Scheerwald“ mit Grillmöglichkeiten und der Spielplatz am Goetheturm. Beide Spielplätze haben einen Kiosk.

Goetheturm 03

Der Goetheturm ist ein hölzerner Aussichtsturm in Frankfurt-Sachsenhausen, der 43 m hoch ist und 96 Stufen hat. Ursprünglich gebaut 1869, wurde er später abgerissen und neu aufgebaut. Geöffnet von April bis September von 10 bis 18 Uhr. Am Goetheturm gibt es ein Café mit Biergarten.

Cafe-Restaurant „**Goetheruh**“, Zum Goetheturm 1 60599 Frankfurt am Main, Tel. 069/686830

Oberschweinstiege 04

Die Oberschweinstiege liegt am Jacobiweiher. Das Restaurant mit Biergarten ist ein beliebtes Ausflugsziel. Die Straßenbahnhaltestelle ist nur wenig entfernt.

Auf dem Marktplatz von Höchst.

Waldgaststätte Oberschweinstiege, Oberschweinstiegschneise 65 , Tel. 069/684888

Höchst 07

Das an der Mündung der Nidda in den Main liegende Höchst ist ein Stadtteil von Frankfurt und als Sitz der Chemieindustrie weltweit bekannt. Allerdings besitzt Höchst eine sehr gut erhaltene und auch recht große Altstadt, die heute unter Denkmalschutz steht. Das Höchster Schloss, die Justinuskirche und die eindrucksvollen historischen Bauwerke entlang der alten Hauptstraße, heute die Bolongarostraße, sind in ihrer Struktur nahezu unverändert und prägen das Altstadtbild.

Das **Residenzschloss** ist eingebunden in ein historisches Ensemble. Die ehemalige Wasserburg wurde in einem Krieg 1396 zerstört. Später wurde hier ein Schloss errichtet, das im Bereich der um 1200 gebauten Stadtmauer liegt, welche die Altstadt vom Main abgrenzt. Das Residenzschloss datiert aus den Jahren 1400–1600. Daneben liegt der Schlossplatz mit seinen Gasthäusern. Im früheren Gasthaus „Der Karpfen“ waren unter anderem Dürer, Goethe und Mozart zu Gast

Die karolingische **Justinuskirche** stammt aus den Jahren 830–850 und ist damit eine der ältesten Kirchen in Deutschland.
Der **Bolongaropalast** entstand um 1798, als die Altstadt erweitert wurde: ein barockes Schloss mit kleinem Schlosspark, das heute als städtisches Verwaltungsgebäude fungiert.
Die Altstadt bietet eine Menge an guten Restaurants auf. Sehr beliebt ist die Gastronomie direkt am alten Marktplatz (Dorfeiche), unmittelbar neben dem Schloss.

„**Gasthof zum Bären**", Höchster Schlossplatz 8, Tel. 069/309343, www.zumbaeren.net
„**Restaurant Alte Zollwache**", Höchster Schlossplatz 10, Tel. 069/3088035, www.alte-zollwache.de
„**Grossmanns - Restaurant & Bar**", Bolongarostr. 173, Tel. 069/37408238, www.grossmanns-restaurant.de
„**Café-Restaurant Schlott**", Hotelschiff (Main), Mainberg 3, Tel. 069/30067680

Tourismusinformation siehe S. 139
Übernachtungsverzeichnis siehe ab S. 140

Der Bolongaropalast in Höchst.

Tour 08 Grüngürtel Nord: Höchst – Berkersheim – Gerbermühle

Durch Auen und Obstwiesen: Frankfurt mal ganz anders

40 km	3:30 Std.	150 hm	144 hm	

GPS-Koordinaten / Start
UTM Zone 32 x: 467.650 m y: 5.549.590 m

Startort: Frankfurt-Höchst, 104 m
Start: Höchst, Fähre am Main, 95 m
Ziel: Gerbermühle, 101 m
Charakter: Durchgehend Radweg, mit asphaltierten und geschotterten Passagen, teilweise Feldweg. Ein langes Teilstück führt an der Nidda entlang, im Bereich Berkersheim-Bergen warten heftige Steigungen und eine steile Abfahrt; viele Einkehrmöglichkeiten
Verkehr: Eigenständiger Radweg mit einigen Straßenüberquerungen (Ampelregelung)

Tipp: Vom Lohrberg aus haben Sie die schönste Aussicht auf Frankfurt – machen Sie diesen kleinen Abstecher.

Ausflugsziele / Sehenswürdigkeiten & Einkehrtipps siehe S. 105

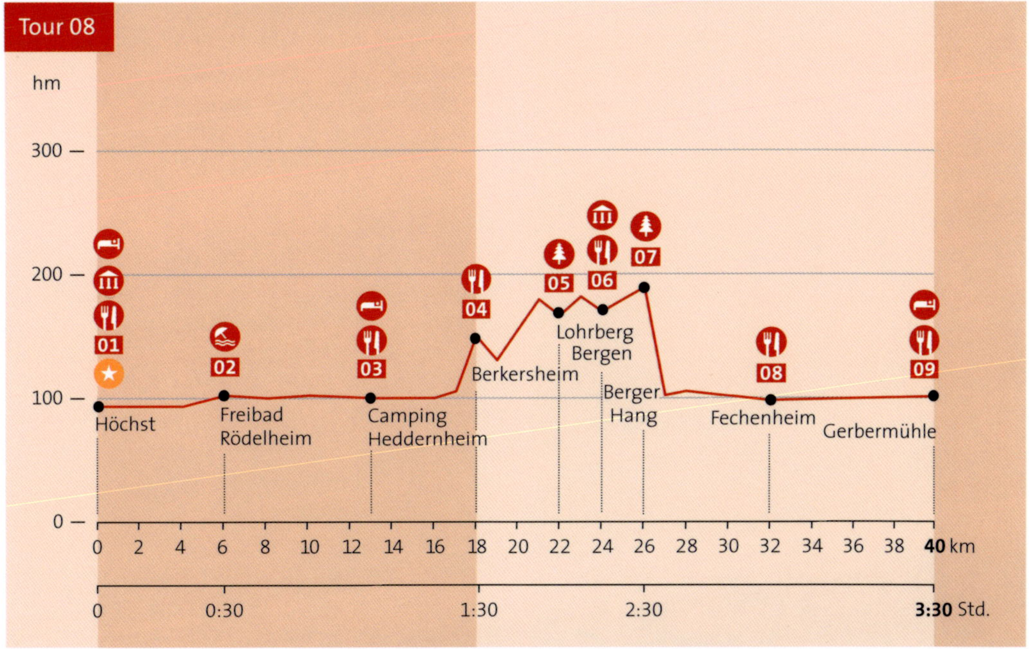

Wie Sie aus dem Diagramm ersehen können, besteht der nördliche Teil der Grüngürtel-Tour aus drei unterschiedlichen Teilen.

Zunächst geht es völlig flach am Fluss Nidda entlang bzw. durch die Schwanheimer Wiesen. Dann steigt der Weg nach Bergen an, dem höchstgelegenen Frankfurter Stadtteil. Zwei „Knackpunkte“, wo Sie evtl. schieben müssen, sind zu erkennen. Einmal vor Berkersheim und einmal hinauf zum Höhenweg nach Bergen. Alles andere ist sehr gut zu fahren. Allerdings haben Sie vor der wieder völlig flachen Schlussetappe noch eine recht steile Abfahrt vor sich.

Am Anfang durchradeln Sie eine Fluss- und Wiesenlandschaft, während der zweite Teil von Höhenwiesen und dem Aussichtspunkt Lohrberg geprägt ist. Im dritten Teilabschnitt geht es durch Obstwiesen und viel Wald.

Höchst – Berkersheim / 18 km / 1:30 Std.

Start Wir starten unsere Radtour in **Höchst** 01 an der Fähre. Vom Mainufer aus (Fähre) radeln Sie der Mündung der Nidda entlang, vorbei an Hausbooten und dem Bolongaropalast. Sie fahren eine leichte Rampe hinauf und überqueren die steile Fußgängerbrücke über die Nidda. Dann geht es quer durch einen Park (alternativ bleiben Sie auf dem Weg am Fluss entlang). Beide Wege treffen sich wieder an der Nidda. Sie müssen nun nacheinander eine Reihe von Brücken unterqueren. Achten Sie auf Ihren Kopf: Die Durchfahrtshöhe beträgt oft nur 1,50–1,80 m!

Sie bleiben direkt an der Nidda (rechts). Der Weg ist gut gekennzeichnet und meist asphaltiert, allerdings in Stoßzeiten stark frequentiert. Sie fahren vorbei an Alt-Niddaarmen, Stauwehren und Brücken, teils sehr romantisch. Wenn Sie

Entlang der Nidda in Richtung Nied.

Alternativroute

Während der Südteil der Grüngürtel-Tour breite Wege hat, die recht ruhig sind, ist der Nordteil im Bereich des Niddaradweges sehr stark frequentiert. Aus diesem Grund empfiehlt es sich, an den Wochenenden den Niddaradweg beim Abzweig nach der Unterführung Westkreuz zu verlassen und den Weg durch die Wiesen zu wählen (siehe grüne Routenführung in der Karte). Auch da lernen Sie Frankfurt von einer neuen Seite kennen, denn die früheren Überflutungswiesen der Nidda sind heute ein Teil der grünen Lunge rund um Frankfurt. In Eschersheim stoßen die beiden Wege wieder zusammen.

die Autobahnunterführung der A5/A648 erreicht haben, teilt sich der Weg und Sie haben die Wahl: Entweder folgen Sie weiter dem Niddaradweg oder Sie schwenken mit dem Grüngürtel-Radweg ab, der über die Schwanheimer Wiesen führt und später wieder zur Nidda zurückführt (Beschreibung siehe Kasten links).

Die meisten Radler fühlen sich auf dem Niddaradweg am wohlsten und bleiben auf ihm: Wasserwege sind verlockend und außerdem existiert entlang des Flusses eine gute (Kneipen-)Infrastruktur. An schönen Wochenenden ist es aber ratsam, den Niddaradweg in diesem Abschnitt einmal zu verlassen.

Der Weg an der Nidda führt mal rechts, mal links der Nidda, stets hervorragend markiert (auch bei kleineren Umleitungen) und meist auf asphaltiertem Weg dahin. Wir passieren immer mal wieder Gasthöfe oder Vereinsheime mit Gaststube, außerdem zwei Schwimmbäder, das Brentanobad in Rödelheim und das Hausener Schwimmbad. Aufpassen müssen Sie nur in **Rödelheim** 02 bei einem alten Niddaarm. Sie fahren über eine kleine Brücke links über die Nidda in einen Park, dann teilt sich der Weg ohne Schild. Bleiben Sie geradeaus, fahren Sie quer durch den Park. Sie kommen wieder zu einer Brücke, setzen über und gelangen zum Brentanobad. Hier nun links über die Brücke und

Die kleine Brücke über die Alt-Nidda in Rödelheim.

Sie können den Weg links der Nidda fortsetzen. Alternativ können Sie in dem kleinen Park aber auch rechts, am Altarm entlang radeln. Folgen Sie dem Weg bis in die Kurve, fahren Sie rechts in die Straße, über die Nidda-(Straßen)brücke nach Alt-Rödelheim. Dort sofort wieder links in den kleinen Park. Der Radweg leitet Sie zum Rödelheimer Schwimmbad und zu der besagten Brücke, die Sie überqueren müssen, um den

Schattige Passage an der Nidda.

Weg entlang der Nidda fortzusetzen. Folgen Sie nun einfach der Nidda. Sie gelangen schließlich nach **Heddernheim** 03. Nach der Unterführung der Brücke Eschersheimer Landstraße kommen Sie links der Nidda zu Sportplätzen und zum Campingplatz mit Hotel und Gasthof. Kurz vor der Brücke vereinigt sich der Niddaradweg wieder mit der Grüngürtel-Route und führt als gemeinsamer Weg weiter.

Der eigentliche Grüngürtel-Radweg biegt nach der Unterführung am Westkreuz rechts ab (Schild leicht übersehbar). Er führt zur Eisenbahnlinie, überquert sie und leitet dann zwischen dem Rebstockbad und Sportplätzen hindurch zum Gewerbegebiet Hausen. Sie überqueren die B44 (Ludwig-Landmann-Straße), radeln etwa 50 m zurück auf dem Radweg und biegen dann links in die Rossittener Straße ein. Folgen Sie zunächst der Straße ums Gewerbegebiet bis zur Unterführung der Friedrich-Wilhelm-von-Steuben-Straße und dann der Bahnlinie. Wenn Sie die A66 unterqueren, biegt der Weg links-rechts in die Ginnheimer Wiesen ab. Sie fahren unter der L3004 hindurch und durchqueren wieder Wiesengelände, bis Sie zu Sportplätzen kommen. Hier beginnt Eschersheim. Ein Stück weit radeln Sie auf der Niedwiesenstraße (Häuser), bis Sie nach links zur Fußgängerbrücke über die Nidda wegbiegen. Sie überqueren die

Auch Jogger nützen den Nidda-Radweg.

Genussvolles Radeln entlang der Nidda.

Nidda, fahren unter der Brücke hindurch, an Sportplätzen vorbei und erreichen den Campingplatz von Heddernheim.

Kurz vor dem Campingplatz geht es wieder über eine Fußgängerbrücke auf die rechte Niddaseite. Sie verlassen nun das eigentliche Stadtgebiet und folgen dem Flusslauf. Nachdem Sie die A661 unterquert haben, wird die Landschaft deutlich lichter. Es kommen mehr Felder und weniger Bäume. Sie bleiben weiter neben der Nidda, queren die L 3003 (Homburger Landstraße), radeln durch Wiesen und stoßen schließlich auf die Abzweigung nach Berkersheim. Rechts von Ihnen sind Pferdekoppeln und eine Bahnunterführung zu sehen.

Fahren oder schieben Sie das Rad nun den Berg hinauf zum kleinen Ort **Berkersheim 04** 🍴.

Berkersheim – Gerbermühle / 22 km / 2:00 Std.

Sie folgen dem Grüngürtel-Schild, kommen zu einem kleinen Platz, überqueren ihn und fahren in den Herrenhof. Es geht weiter bergauf, Sie folgen dem kurvigen Wegverlauf, verlassen das Ortsgebiet und fahren rechts in den Höhenweg hinein. Sie werden gemerkt haben, dass Sie soeben von 107 auf 151 Meter hoch gefahren sind! Der Höhenweg führt durch Wiesen und an Koppeln vorbei und Sie fahren wieder leicht bergab bis Sie auf die A661 am Preungesheimer Dreieck treffen. Radeln Sie durch die Westunterführung hindurch, folgen Sie auf der andern Seite der Beschilderung und durchqueren Sie anschließend auch die Südunterführung. Sie sind jetzt wieder bei rund 160 Höhenmeter angelangt. Nun folgt eine 700 m lange moderate Steigung durch Maisfelder, etwa 60 m neben der Autobahn.

Höhenweg entlang der A 661 bei Berkersheim.

Dann biegt der Weg links weg (Schild) und führt über eine Kuppe. Dieser Abschnitt ist allerdings mangelhaft, ein eher holpriger Wanderweg. Dann stoßen Sie auf die Vilbeler Landstraße (B521) und den Gasthof Zollhaus Garten. Nun über die Fußgängerbrücke und auf der andern Seite geradeaus weiter in Richtung Lohrberg. Der Abzweig kommt nach knapp 1 km rechts und führt Sie über einen Parkplatz zu den Wiesen und zum Aussichtspunkt auf dem **Lohrberg** **05**. Danach kehren Sie zum Hauptweg zurück und erreichen bald – leicht bergab fahrend – den Ortsrand von **Bergen** **06**.

Variante für Genussradler

In Bergen verläuft der eigentliche Grüngürtelradweg von der Hauptstraße weg in Richtung Norden und führt über den so genannten Berger Rücken. Dieser Umweg um Bergen ist wegen der heftigen Steigungen für den „normalen“ Touristen oder Freizeitradler in der Regel kein rechtes Vergnügen. Wenn Sie es bequemer wollen, wählen Sie besser den direkten Weg durch Bergen. Er führt auf der wenig befahrenen Straße, am historischen Rathaus vorbei, durch den Ort. Danach geht es dann in flotter Fahrt den steilen Berger Hang hinab.

Blick auf Hochhäuser in Richtung Preungesheim.

Statt dem eigentlichen Grüngürtelradweg Richtung Norden zu folgen, empfehle ich Ihnen direkt durch Bergen durch zu fahren (siehe Kasten Seite 96). Zunächst auf der Ortsstraße (Marktstraße) am „Goldenen Engel" vorbei bis zum historischen Rathaus. „Am Bienenstock" biegt der

Fernsicht vom Lohrberg.

Radweg rechts weg und gleich bei der nächsten Kurve geht es links hinein in den südlichen Höhenweg. Ein sehr schmaler Wanderweg, dem Sie folgen. Dann stoßen Sie auf einen Querweg (großes Schild „Streuobstwiesenweg").

Hier biegt der offizielle Grüngürtelradweg, der Sie über den Berger Rücken geführt hätte, von links ein.

Die nächsten 800 m geht es auf einem breiten Kiesweg geradeaus steil den **Berger Hang** 07 hinab. Vorsichtig fahren, es besteht Rutschgefahr!. Unten angelangt stoßen Sie auf den Riedteich und den Wald. Sie biegen rechts ab, in Richtung Mainuferweg/Enkheimer Wald und am Ende des Teichs wieder links (Km 26,5). Fahren Sie geradeaus durch den Enkheimer Wald. Sie stoßen bald auf die Brücke über die A66, folgen dem Weg in eine Linkskurve und biegen beim Schild rechts ab. Sie folgen dem Waldweg, bis er am Freizeitpark wieder links wegschwenkt. Sie bleiben auf dem bequemen Weg (Mainkurschneise) bis zum Parkplatz, überqueren diesen nach links, fahren dann durch den Wald bis zur Straße und über eine Rampe (Brücke Kilianstädter Straße und Frankfurter Landstraße, mit Radweg und Ampel). Es geht nach links, eine steile Rampe hinunter, dann scharf

In den Streuobstwiesen am Berger Hang.

rechts unter der Brücke durch und weiter auf dem Mainufer-Radweg in Richtung Fechenheim/Frankfurt. Sie bleiben auf dem Mainuferweg (= Grüngürtelradweg, der Mainradweg verläuft auf der andern Seite) bis zur Straßenbahnüberquerung, dort folgen Sie dem Radweg rechts der Straßenbahnschienen. Sie stoßen in **Fechenhein** 08 auf eine Haltestelle der Linie 11. Hier können Sie ihre Tour beenden, wenn Sie

Unter der Rampe bei der Frankfurter Landstraße.

Ruderer auf dem Main, von der Fußgängerbrücke in Fechenheim aus gesehen.

mit öffentlichen Verkehrsmitteln angereist sind. Hier gibt es auch eine Fußgängerbrücke über den Main. Sie haben zum einen die Möglichkeit dem Grüngürtelradweg weiter zu folgen, der Sie zur nächsten Haltestelle an der Schießhüttenstraße führt und dann weiter rechts am Main entlang auf einem schönen Radweg durch viel Grün verläuft. Sie kommen unterwegs an einem

Gasthof vorbei mit Blick auf das Offenbacher Schloss und erreichen schließlich die Autobrücke Fechenheim. Rechter Hand liegt ein mittelalterliches Backsteintürmchen. Hier geht es rechts die Rampe hinauf. Der Radweg bringt Sie auf der Brücke über den Main, mit schöner Sicht auf den Yachthafen. Sie radeln dann rechts über die Rampe nach unten und treffen auf den Mainradweg, dem Sie entweder zum Parkplatz in Offenbach folgen oder Sie fahren weiter Richtung Frankfurt zum Ausgangspunkt bei der **Gerbermühle** **09** zurück.

Alternativ können Sie an der oben erwähnten Fußgängerbrücke in Fechenheim auch sofort auf die linke Mainseite wechseln und auf dem Mainradweg zum Parkplatz in Offenbach bzw. zur Gerbermühle zurückradeln.

In Abendrot getauchte Segelschiffe im Yachthafen von Fechenheim.

Tour 08
STEINBACH
(Taunus)
WEISSKIRCHEN
198
136
140
BONAMES
Bonifatiusquelle
6
Ffm.-Heddernheim
Alter Flugplätz
100
104
Universität
Frankfurter
Berg
102
NIEDERURSEL
03
121
661
127
E451
Nordwest-
stadt
5
182
NIEDER-
HÖCHSTADT
Steinbacher Höhe
162
Freizeitpark
Oberwiesen
Raststätte
Taunusblick
HEDDERN-
HEIM
7
Frankfurt-
Eckenheim
123
ECKEN-
HEIM
ESCHERS-
HEIM
PRAUNHEIM
Römerstadt
100
Volkspark Niddatal
GINNHEIM
BACH
nus
161
ESCHBORN
Treuten-
garten
118
143
Schwalbach
18
Nordwestkr.
Frankfurt
19
Siedlung
Westhausen
Ffm.-
L.-Landmann-Str.
Hessischer
Rundfunk

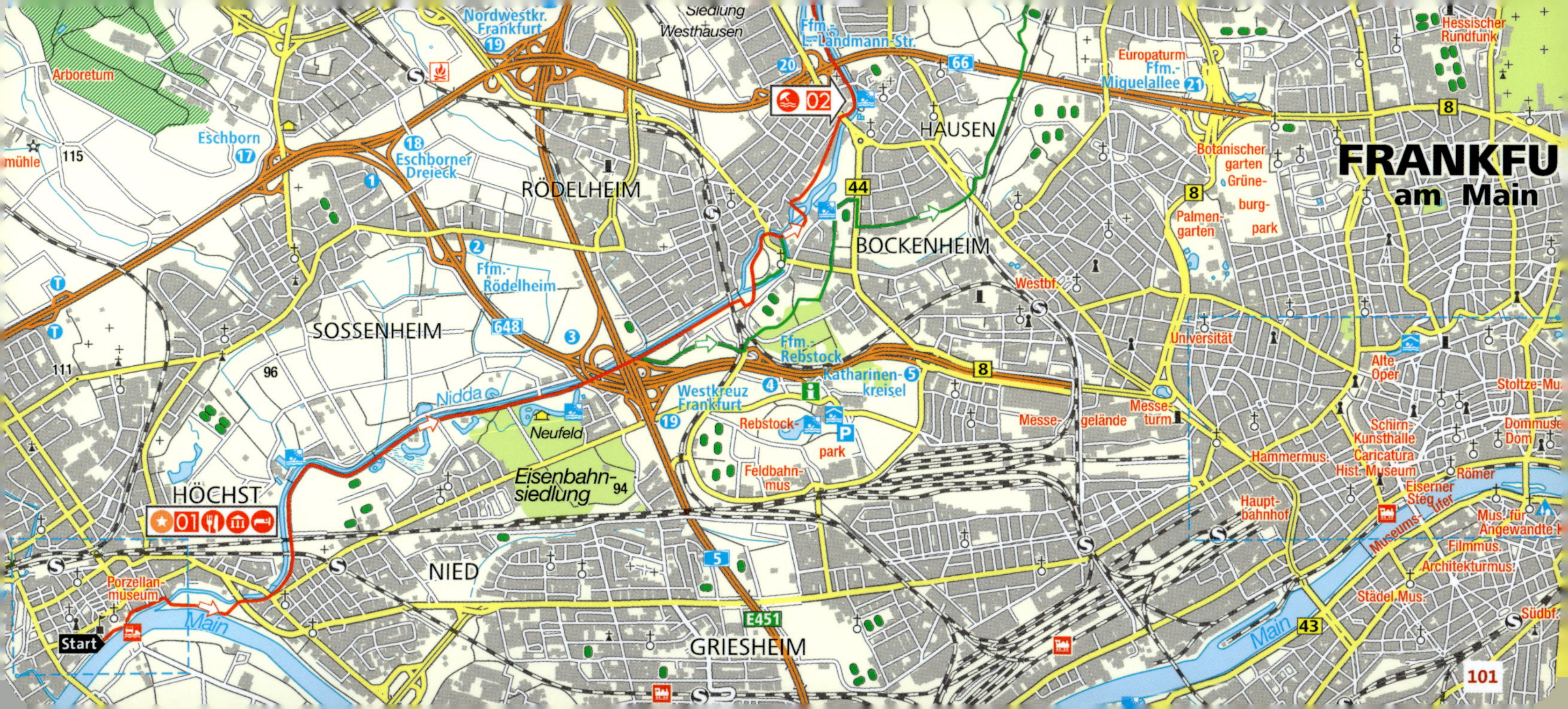
Siedlung
Westhausen
Nordwestkr.
Frankfurt
Ffm.-
L.-Landmann-Str.
Arboretum
Eschborn
mühle
115
Eschborner
Dreieck
RÖDELHEIM
HAUSEN
Europaturm
Ffm.-
Miquelallee
Hessischer
Rundfunk
FRANKFU
am Main
Botanischer
garten
Grüne-
burg-
park
Palmen-
garten
BOCKENHEIM
Ffm.-
Rödelheim
Westbf.
SOSSENHEIM
111
96
Ffm.-
Rebstock
Katharinen-
kreisel
Universität
Alte
Oper
Stoltze-Mu
Nidda
Westkreuz
Frankfurt
Neufeld
Rebstock-
park
Messe-
gelände
Messe-
turm
Schirn-
Kunsthalle
Caricatura
Hist. Museum
Dommuse
Dom
Römer
Hammermus.
Feldbahn-
mus.
Eisenbahn-
siedlung
94
HÖCHST
01
02
Haupt-
bahnhof
Eiserner
Steg
Museums-
ufer
Mus. für
Angewandte K
Filmmus.
Architekturmus.
NIED
Porzellan-
museum
Main
Start
GRIESHEIM
E451
Städel Mus.
Südbf.
43
Main

Tour 08
HARHEIM
104
106
Weinberg
157
155
521
Talberg
BAD VILBEL
Frankfurter Berg
100
BERKERSHEIM
04
3
153
203
Hohe Straße
138
MAINTAL
661
Honigberg
Preungesheimer Dreieck
8
7
Frankfurt-Eckenheim
Berger Warte
212
521
Hessische Apfelweinstraße
07
123
ECKEN-HEIM
PREUNGESHEIM
521
Berger Hang
116
BISCHOFSHEIM
BERGEN-ENKHEIM
06
Weinberg
Riedteich
102
05
Lohrberg
172
Gänseweiher
9
Ffm.-Friedberger Landstraße
Huthpark
SECKBACH
66
Waldsee
33
Maintal-Bischofsheim
Bischofsheim

FRANKFURT
am Main
BORNHEIM
Hessischer Rundfunk
Sausee
Ffm.-Bergen-Enkheim
Waldspielpark Fechenheim
Vogelschutzwarte
Bischofsheim
Rumpenheim
Schleuse Mainkur
Schultheis-weiher
RUMPENHEIM
Biebers
Eissport-halle
Ffm.-Ost
Ostpark
Rote Warte
BÜRGEL
WALDHEIM
Stadtplan S. 104
Oberhafen
Zoo
Alte Oper
Stoltze-Museum
Ffm.-Ost
Dialogmuseum
Main
Hafen
FECHENHEIM
08
Schirn-Kunsthalle
Dommuseum
Dom
Caricatura
Hist. Museum
Römer
Osthafen
KAISERLEI
Eiserner Steg
Ufer
Mus. für Angewandte Kunst
Museums-
Ziel
Gerbermühle
Offenbach-Kaiserlei
Leder- u. Schuhmuseum
Filmmus.
Architekturmus.
09
OBERRAD
Schneckenberge
Städel Mus.
Südbf.
OFFENBACH
am Main
Henninger Turm
Offenbach-Taunusring
Ma

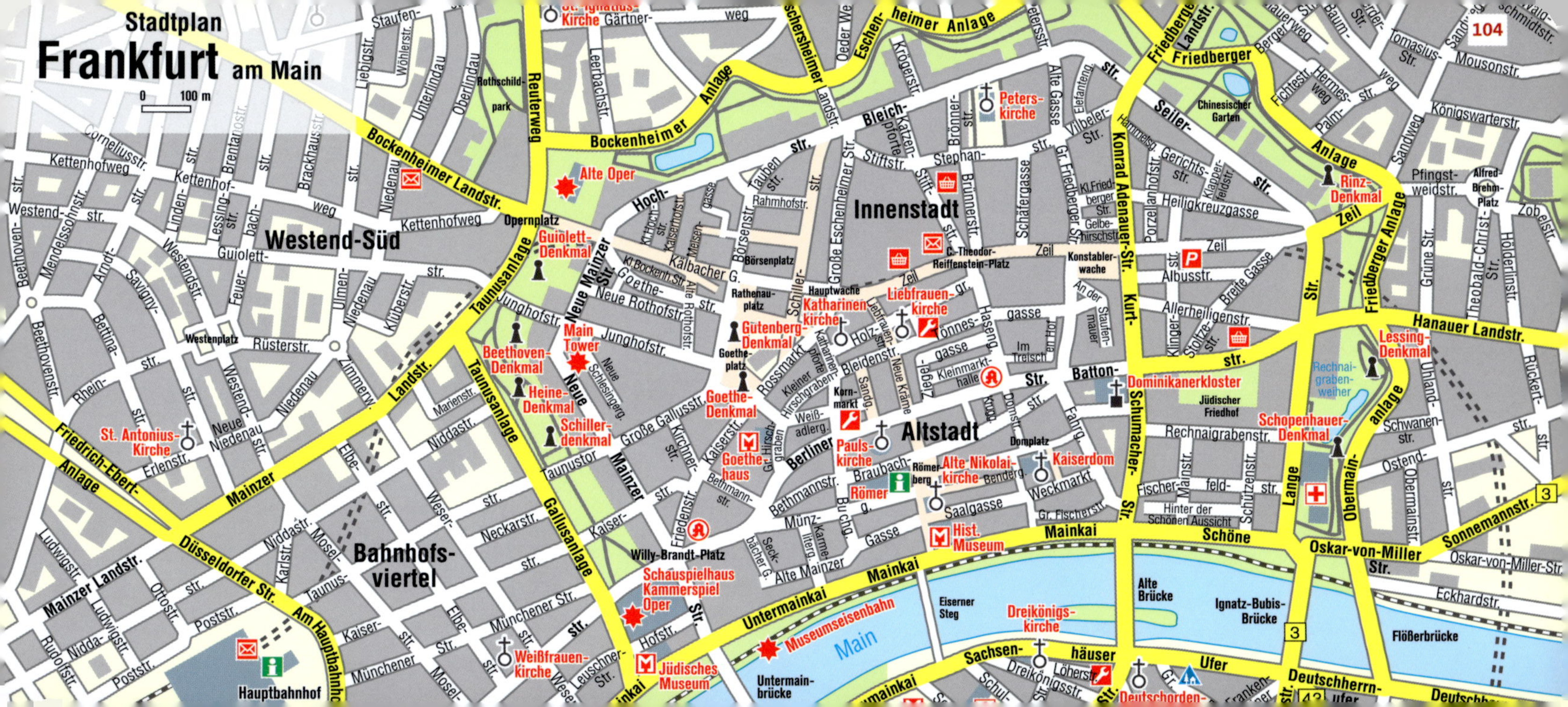
Stadtplan
Frankfurt am Main
0
100 m
Innenstadt
Altstadt
Westend-Süd
Bahnhofs-viertel
Alte Oper
Opernplatz
Guiolett-Denkmal
Beethoven-Denkmal
Heine-Denkmal
Schiller-denkmal
Main Tower
Gutenberg-Denkmal
Goethe-Denkmal
Goethe-platz
Goethe-haus
Katharinen-kirche
Liebfrauen-kirche
Hauptwache
Rathenau-platz
Börsenplatz
Paulskirche
Römer
Alte Nikolai-kirche
Kaiserdom
Domplatz
Hist. Museum
Dominikanerkloster
Jüdischer Friedhof
Schopenhauer-Denkmal
Lessing-Denkmal
Rechnai-graben-weiher
Rinz-Denkmal
Chinesischer Garten
Peters-kirche
Konstabler-wache
C.-Theodor-Reiffenstein-Platz
Zeil
St. Antonius-Kirche
Schauspielhaus Kammerspiel Oper
Willy-Brandt-Platz
Weißfrauen-kirche
Jüdisches Museum
Museumseisenbahn
Dreikönigs-kirche
Deutschorden-
Main
Eiserner Steg
Alte Brücke
Ignatz-Bubis-Brücke
Flößerbrücke
Untermain-brücke
Hauptbahnhof
Mainkai
Untermainkai
Schöne
Oskar-von-Miller Str.
Sonnemannstr.
Deutschherrn-ufer
Sachsen-häuser Ufer
Bockenheimer Landstr.
Bockenheimer Anlage
Eschenheimer Anlage
Friedberger Anlage
Friedberger Landstr.
Hanauer Landstr.
Taunusanlage
Gallusanlage
Friedrich-Ebert-Anlage
Düsseldorfer Str.
Mainzer Landstr.
Am Hauptbahnhof
Konrad Adenauer-Str.
Kurt-Schumacher-Str.
Neue Mainzer Str.
Reuterweg
Rothschild-park
Bleichstr.
Seilerstr.
Batton-Str.
Berliner Str.
Große Eschenheimer Str.
Junghofstr.
Kaiserstr.
Münchener Str.
Taunusstr.
Niddastr.
Kettenhofweg
Guiollettstr.
Westendstr.
Lange Str.
Obermainanlage
Westenplatz

AUSFLUGSZIELE / SEHENSWÜRDIGKEITEN & EINKEHRTIPPS

Die Niddaauen sind im Bereich der Frankfurter Stadtteile besonders schön, weil eine Unmenge an kleinen Brücken die Wege links und rechts der Nidda verbinden. Immer wieder finden Sie kleine Wirtschaften direkt am Weg.

Bergen 06

Der höchstgelegene Frankfurter Stadtteil Bergen wurde schon im 11. Jahrhundert gegründet. Das Wahrzeichen des Ortes ist das historische **Rathaus** (gebaut von 1300–1350). Erhalten ist auch der **Weiße Turm**, ein Befestigungsturm der früheren Stadtmauer. Aber schon zu Römerzeiten gab es hier Verkehr über die Via Regia (die heute als Hohe Straße bekannt ist). Bergen ist Ausgangsort für die Radtour „Hohe Straße", siehe S. 44

Tourismusinformation siehe S. 139
Übernachtungsverzeichnis siehe ab S. 140

Gaststätte an der Nidda; rechts das Rathaus in Bergen.

Tour 09 Das Gersprenztal Nord

Dieburg – Aschaffenburg: Zwischen Natur und Schlössern

					GPS-Koordinaten / Start
64 km	5:00 Std.	35 hm	35 hm		UTM Zone 32 x: 488.560 m y: 5.527.900 m

Startort: Dieburg, 146 m

Start/Ziel: Bahnhof Dieburg, 146 m, Parkplätze direkt am Bahnhof, Bushaltestelle

Charakter: Flacher Radweg, mit Asphalt-, Schotter- und Waldwegpassagen; ein Großteil der Tour verläuft entlang der Gersprenz und bietet unterwegs schöne Altstadtkerne und vier Schlösser

Verkehr: Im ersten Teil ganz ruhige Radwege, im Bereich Aschaffenburg Radwege an Straßen

Tipp: Durch den Bahnverkehr zwischen Dieburg und Aschaffenburg können Sie die Tour bequem variieren. Das Waldschwimmbad in Stockstadt ist ein beliebtes Zwischenziel.

Ausflugsziele / Sehenswürdigkeiten & Einkehrtipps siehe S. 124/125

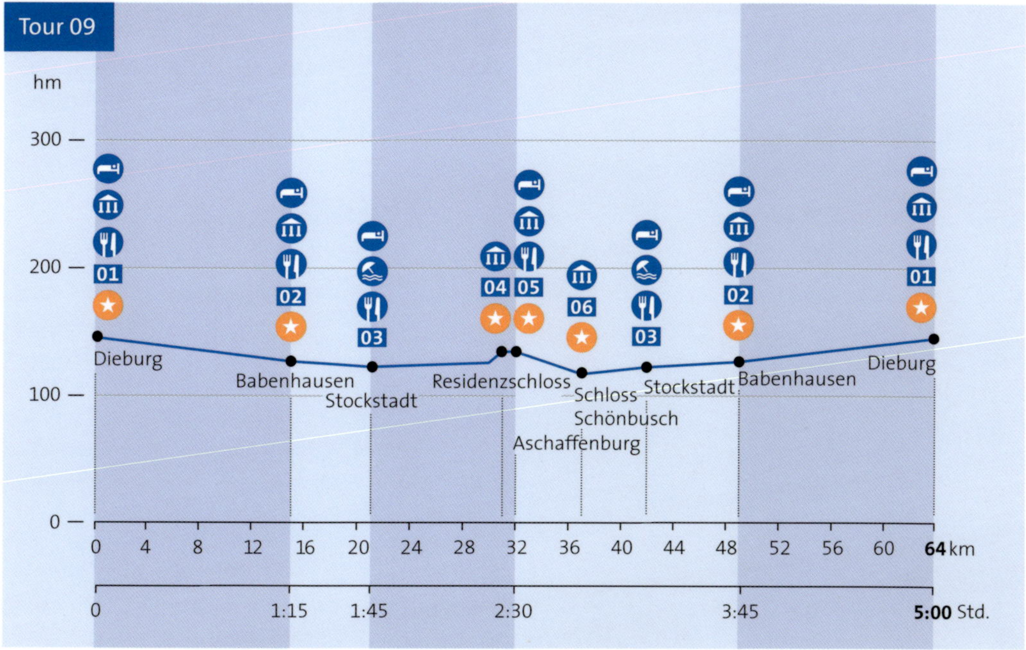

Die Gersprenz-Tour ist in zwei Teile aufgeteilt, Nord und Süd. Man kann die Gesamttour bequem in zwei Tagen absolvieren. Und beide Teiletappen bieten auf dem Hin- und Rückweg Varianten in der Wegführung und damit auch ganz unterschiedliche Eindrücke.

Am Dieburger Bahnhof.

Den Start für den Nordteil habe ich auf den Bahnhof in Dieburg gelegt. Das hat strategische Gründe. Wem die Tour bis Aschaffenburg zu lang oder zu beschwerlich ist, der wählt das Waldschwimmbad in Stockstadt als Ziel und Wendepunkt, wer es – gerade mit Kindern – noch angenehmer will, tritt nach einem Besuch der Eisdiele in Babenhausen bereits wieder die Rückfahrt an. Wer über genügend Kraft und

Weg an der Gersprenz.

Orientierungs-Tipp

Man muss wissen, dass es in diesem Gebiet eine Vielzahl von Markierungen und Schildern gibt. Allerdings existiert keine eigene und durchgehende Kennzeichnung für die Radtour entlang der Gersprenz. Orientieren Sie sich deshalb an der folgenden Tourenbeschreibung und beachten Sie die Hinweise.

Dem Wanderweg nach Münster folgen wir ein kurzes Stück.

Ausdauer verfügt, radelt dagegen bis zum Residenzschloss in Aschaffenburg und kehrt dann über Schloss Schönbusch zurück.

Dieburg – Babenhausen / 15 km / 1:15 Std.

Start Sie starten die Tour am Bahnhof in **Dieburg** 01. Fahren Sie zunächst hundert Meter in Richtung Darmstadt, dann in der Eulengasse sofort rechts über die Bahngleise in Richtung Münster (Schild). Folgen Sie nun dem asphaltierten Weg, der bald in einen Sandweg übergeht und an Pferdekoppeln vorbeiführt. Der Weg verläuft durch eine Allee, dann durch Wiesen, macht mehrere leichte Richtungswechsel und führt dann über Betonplatten. Sie bleiben auf dem Weg und ignorieren die große Abzweigung nach rechts Richtung Münster. Es geht über eine kleine Brücke, dann stoßen Sie auf einen zweiten Arm der Gersprenz und folgen dem Weg rechts durch die Brücke unter der

Der Radweg führt immer wieder an Pferdekoppeln vorbei.

B45 hindurch bis zur nächsten Kreuzung. Sie radeln links über die kleine Brücke, dann sofort rechts und folgen dem Wanderweg neben dem Fluss, bis Sie auf die Straße Münster–Muna stoßen. Sie folgen dieser auf dem Radweg 50 m nach links, dann überqueren Sie die Straße.

Nun fahren Sie auf einem bequemen asphaltierten Weg geradeaus und biegen bald darauf-

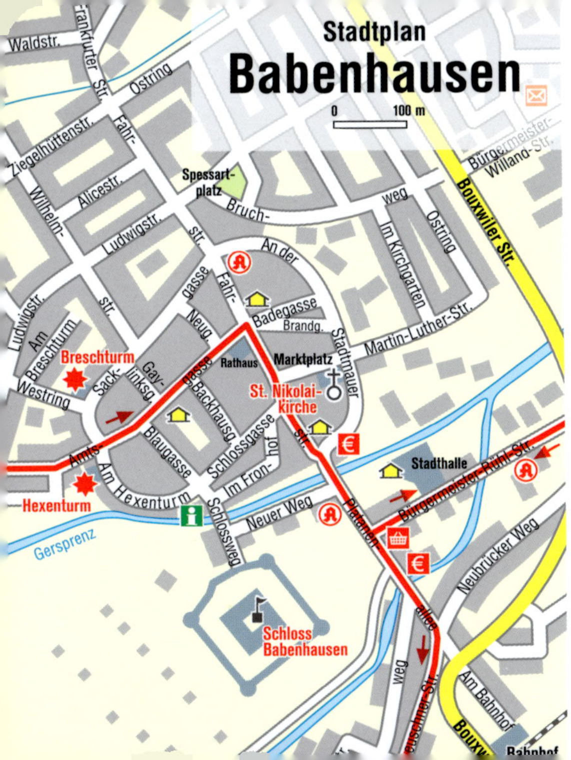

rechts ab in Richtung Münster/Eppertshausen. Sie überqueren zunächst die Bahnlinie, dann diagonal die L3095 und fahren weiter in die Wiesen, immer geradeaus. Wenn Sie eine große Weide erreichen biegen Sie rechts ab in den asphaltierten Weg, der Sie zur Gersprenzbrücke bringt.

Vor der Brücke schwenken Sie links ab und folgen nun immer dem Uferweg neben der Gersprenz, am Biergarten des Schützenvereins und später an den Weihern des Fischervereins vorbei (an den Wochenenden gibt's hier im Fischrestaurant guten Fisch!). Der Weg führt durch eine Allee und Sie sollten hin und wieder einen Blick auf den schön renaturierten kleinen Fluss werfen. Viele kleine Brücken führen hinüber, die Sie aber unbeachtet lassen. Nach dem Fischrestaurant schwingt der Weg links-rechts ab und führt Sie zum Eppertshäuser Weg. Hier fahren Sie rechts und gleich wieder links über die Straße.

Diesem Weg, der jetzt zwischen Waldrand und Wiesen führt, folgen Sie, bis er eine Rechts-Links-Kurve beschreibt und wieder ans Ufer der Gersprenz leitet. Der Weg läuft nun parallel links des Flusses weiter. Sie erreichen eine Abzweigung nach Babenhausen, der Sie links fol-

Die Stadtkirche von Babenhausen.

Torturm des Schlosses in Babenhausen.

gen, biegen aber gleich wieder rechts ab und fahren geradeaus. An Koppeln vorbei stoßen Sie auf die Außenbezirke von Babenhausen. Wenig später erreichen Sie den Friedhof, fahren hier halbrechts und gelangen so in die Altstadt von **Babenhausen** 02. Sie sehen rechts vor sich den Hexenturm, und eine Gasse, die zur historischen Stadtmühle und zum Schloss führt. Bleiben Sie aber geradeaus und fahren Sie vor zur Ortsstraße.

Sie radeln nun rechts in die Altstadt (mit Fußgängerzone), kommen zum Marktplatz, zum Rathaus und zur romanischen Stadtkirche (sehenswert!) und zum Hotelrestaurant „Schwartzer Löwe". Sie fahren weiter geradeaus, passieren eine Konditorei und einen Eisladen und folgen nun dem Radweg neben der Ringstraße, bis Sie auf den kleinen Schlosspark treffen. (Wenn Sie wollen, statten Sie dem Schloss einen kurzen Besuch ab).

Historische Mühle.

Die Ulmenallee nach Harreshausen.

Babenhausen – Stockstadt / 6 km / 0:30 Std.

Vom Schlosspark fahren Sie links ab in die Bürgermeister-Rühl-Straße, vorbei am Turm (eines der Wahrzeichen der Stadt) und überqueren die Ampel an der Ringstraße.

Nun geht es geradeaus in die Ulmenallee, die Sie zum Ortsteil **Harreshausen** bringt. Links am Spielplatz vorbei, radeln Sie in eine kleine Straße, die Sie zu einer Querstraße bringt. Nun links in die Gersprenzstraße (bei Sparkasse und Kirche), die Sie über die kleine Brücke (mit historischer Mühle) wieder aus Harreshausen hinaus in die Wiesen führt. Fahren Sie geradeaus bis zum Abzweig und biegen Sie dort rechts ab in die Felder. Der lange asphaltierte Weg führt zu einem Reiterhof und zu Koppeln der Pferdepension Auhof. Folgen Sie weiter dem Weg, der nun durch heftige Schlaglöcher führt und ein paar Schlenker macht.

Sie stoßen wieder auf eine Gersprenzbrücke, überqueren sie und fahren auf dem nun wieder asphaltierten Weg durch Felder und an einer kleinen Kapelle vorbei. Sie erreichen den Waldrand und finden dort das beliebte Ausflugsrestaurant Schützenlust.

Reiterhof Harreshausen.

Der Main bei Stockstadt, von der Eisenbahnbrücke aus gesehen.

Ein Stück weiter überqueren Sie auf einer Brücke die B469 und gelangen, vorbei an Sportplätzen und Halfpipes, direkt auf das beliebte **Waldschwimmbad** von **Stockstadt** 03.

Mit Kindern sollte das ihr Zwischenziel sein. Ein Stück weiter auf dem Weg finden Sie eine Pizzeria mit schönem Gartenrestaurant. Und auch der Rückweg wird wieder hier am Waldschwimmbad vorbeiführen.

Stockstadt – Aschaffenburg / 11 km / 0:45 Std.

Direkt nach dem Schwimmbad biegen Sie von der Zubringerstraße vor der Kurve links in den Radweg ein und folgen der Gersprenz. Sie fahren die Rampe zur Straße hinauf und bleiben auf der ruhigen Zubringerstraße, bis Sie beim Rathaus auf die Querstraße (Obernburger Straße) treffen. Halbrechts gegenüber sehen Sie eine kleine Straße. Hier steht meist ein Kerbemast. Sie können den Weg zur Mainbrücke kaum verfehlen.

Fahren Sie in die kleine Straße, biegen Sie am Zaun des Kohlekraftwerkes links ab und schieben Sie das Rad zur Brücke hinauf (Engstelle). Die Überquerung des Mains bietet Ihnen eine sehr schöne Aussicht. Anschließend radeln Sie die steile Rampe hinunter, biegen scharf nach links und 20 m weiter erneut scharf links ab. Nun sind Sie auf dem Mainradweg, dem Sie nach Aschaffenburg folgen.

Sie passieren Mainaschaff, bleiben aber auf dem Weg und folgen stets rechtshaltend dem Mainradweg. Nachdem Sie eine kleine Brücke überquert haben, kommen Sie an Kleingärten vorbei und müssen die Engstelle (Felsnase) unterhalb des Pompejanums passieren (Vorsicht, langsam fahren, Kingelzeichen geben, auf Gegenverkehr achten!). Sie fahren an einer Holz-

Mainwiesen mit Blick auf das Aschaffenburger Residenzschloss.

Residenzschloss und Hafen.

Rückfahrt mit der Bahn

Wenn Sie von Aschaffenburg aus mit dem Zug nach Hause wollen, fahren Sie am Marktplatz links die Luitpoldstraße entlang, halten sich dann an der Weissenburgerstraße links (Allee mit zwei Straßen und Grünstreifen), und schwenken rechts in die Duccastraße. Sie stoßen so direkt auf den Hauptbahnhof an der Ludwigstraße.

Skulpturengruppe vorbei durch die Mainwiesen und kommen unterhalb des **Residenzschlosses 04** zur Slipanlage am Main.

Wenn Sie Zeit haben, machen Sie eine Schlossbesichtigung und fahren Sie einmal durch die schöne Altstadt. Sie müssen unterhalb des Schlosses noch ein Stück geradeaus radeln und nach dem Schloss in einer Kehrtwendung links die Rampe hinauf. Sie kommen zum Schlosseingang und zum Marktplatz und über die Ampel direkt in die Altstadt von **Aschaffenburg** 05. Wenn Sie auf dem Mainuferweg weiterfahren, gelangen Sie direkt zum Hafen.

Aschaffenburg – Babenhausen / 17 km / 1:15 Std.

Nach Einkehr und Besichtigung geht es zurück zur unterhalb des Residenzschloss liegenden Willigisbrücke und über den Main. Sie fahren eine Rampe hinauf zur Brücke und bleiben auf der anderen Seite auf dem Radweg rechts der Straße, die sich hier gabelt. Bei der Ampel biegen Sie links ab und überqueren die Straße zweimal. Folgen Sie dem Schild zum Schloss Schönbusch. Der Weg knickt rechts ab in eine lange Allee, die direkt zum **Schloss Schönbusch** 06 und in den Schlosspark führt. Das Schlossrestaurant (mit Café) ist äußerst beliebt.

Schloss Schönbusch mit Park.

Danach fahren Sie halbrechts durch den Park (leider nicht beschildert), folgen den Wegen, halten sich auf der rechten Parkseite, überqueren am Weiher eine kleine Brücke und radeln dann parallel zur Straße durch den Park. Sie schlagen noch einen Links-Rechts-Links-Bogen und verlassen den Park. Anschließend überqueren Sie an der Ampel die Darmstädter Straße und folgen dem gut ausgebauten Radweg neben der Straße in Richtung Darmstadt/Babenhausen. An Kleingärten und an Großmärkten vorbei gelangen Sie zur Obernburger Straße (große Kreuzung an den Großmärkten), überqueren die Ampel und fahren in den Radweg, der links von der Obernburger Straße nach Stockstadt führt. Sie bleiben auf dem Radweg, bis Sie am Anfang von **Stockstadt** 03 auf die Ampel an der Ringstraße treffen. Hier fahren Sie links auf den Radweg neben der Ringstraße. An der nächsten Ampel biegen Sie rechts ab in die Großostheimer Straße. Sie radeln jetzt auf der ruhigen Straße durch Wohnviertel, bis Sie in einem spitzen Winkel auf die Obernburgerstraße stoßen. Sie überqueren die Bahnlinie, rechts von Ihnen liegt das Kraftwerk. Sie nehmen rechts den Carl-Wirth-Weg zur Eisenbahnbrücke, dann biegen Sie links in den schon von der Herfahrt bekannten „alten Stadtweg". Sie stoßen wieder auf das Rathaus, überqueren die Obernburgerstraße/ Hauptstraße und biegen links in die Schulstraße ein.

Stockstadt.

Nun folgen Sie dem bereits bekannten Weg zum Schwimmbad und weiter zum Waldrand und an der kleinen Kapelle vorbei bis zur Gersprenz-Brücke. Vor der Brücke biegen Sie links in den Radweg neben dem Bach und radeln auf dem wunderbaren Waldweg, der irgendwann zwischen Wiesen und an Koppeln vorbeiführt, bis nach Harreshausen. Im Ort zunächst geradeaus bis zur Querstraße, dann rechts in die Gersprenzstraße und gleich wieder links in die Schulstraße. Am Kinderspielplatz vorbei geht es durch die Ulmenallee wieder zurück nach **Babenhausen** 02.

Babenhausen – Dieburg / 15 km / 1:15 Std.

Haben Sie nach dem Weißen Turm den Park erreicht, fahren Sie nun auf dem Radweg „Platanenallee" nach links in Richtung Bahnhof, dann folgen Sie dem Radwegeschild rechts in den Steinweg, der Sie mit zwei Schlenkern zur Alt-

Tour 09
118
BABENHAUSEN
02
126
Stadtplan S. 110
D E R M A R K
45
486
459
134
128
Hindenburg-Eiche
SICKENHOFEN
147
Rollensee
Villa Waldesruh
Thomashütte
Eppertshausen
131
121
26
HERGERSHAUSEN
Dt. Fachwerkstraße

Breitefeld
Freizeitzentrum
Wanderheim
141
45
Münster
136
HARPERTSHAUSEN
Deutsche
Fachwerkstraße
143
Altheim
Deutsche Fachwerkstraße
Krebsbuche
Behelfsheim
145
Start/Ziel
140
Zigeunereiche
150
153
Wolfgangsee
Wasserburg
45
Ricchinabrunnen
26
Kuhlippsborn
Gambseiche
DIEBURG
01
RICHEN
Dt. Fachwerkstraße
Trettenbe
233
KLEIN-UMST

dorferstraße führt (Radladen). Bleiben Sie auf dem gut ausgebauten, asphaltierten Radweg neben der Bahnlinie, der Sie nach Sickenhofen bringt. Zunächst geradeaus, geht es bei einer Ampel rechts in die Sachsenhäuserstraße und kurz darauf links ab in Richtung Dieburg auf einen langen asphaltierten Radweg neben der K183 nach Hergershausen.

Wenn Sie auf die Bahnhofstraße treffen, fahren Sie rechts in die Tränkgasse und folgen Sie ihr bis zur Gersprenz. Auf dem Radweg links über den Bach bis zum Epperthäuser Weg, den Sie überqueren. Nun fahren Sie auf dem Radweg links wieder nach Hergershausen. In der Kurve (Baum) biegen Sie rechts ab in einen kleinen Weg, dem Sie folgen. Sie bleiben jetzt auf dem Weg durch das Naturschutzgebiet und erreichen schlussendlich das Gewerbegebiet von Münster. Hier gibt es eine Fülle unterschiedlicher Richtungsweiser. Sie fahren einen Links-Rechts-Bogen auf

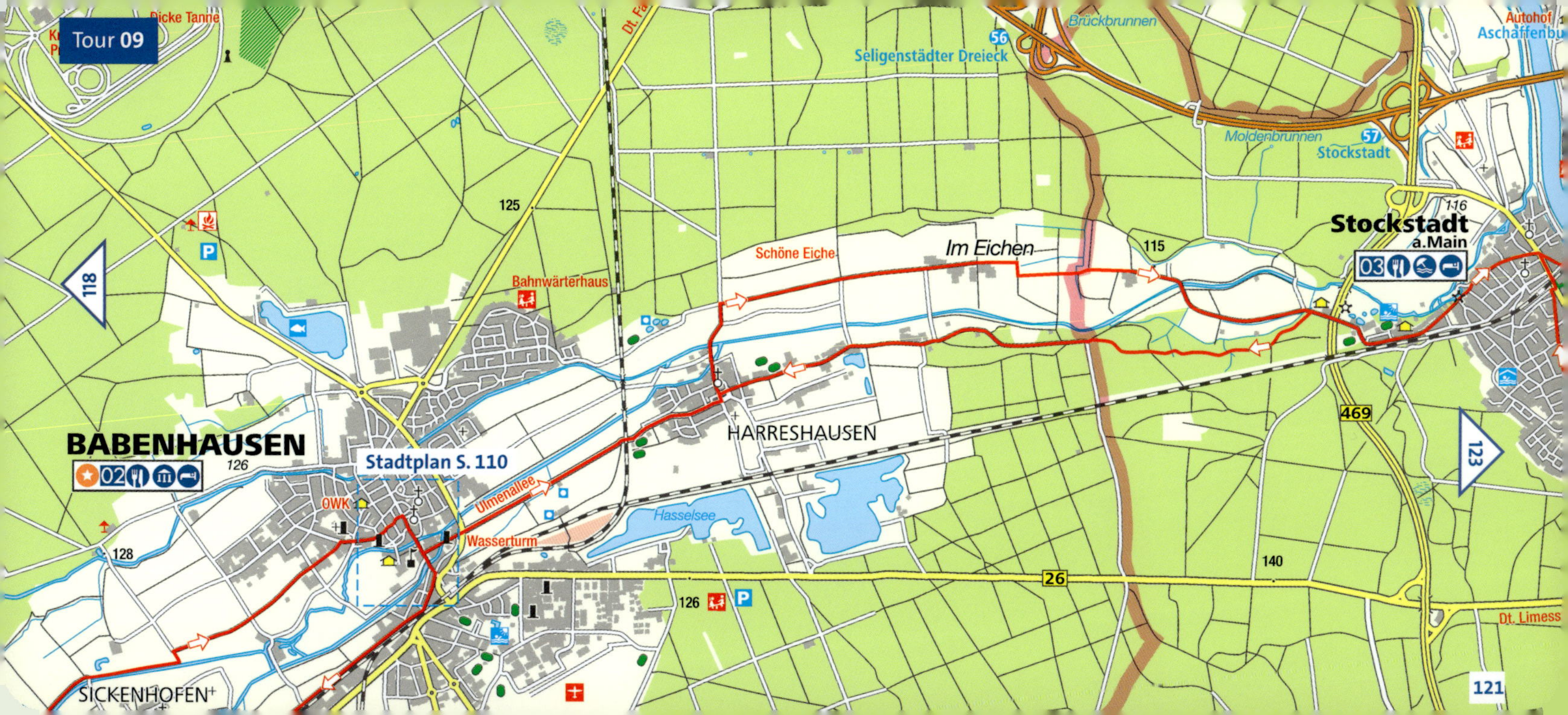
Dicke Tanne
Dt. Fa
Brückbrunnen
56
Seligenstädter Dreieck
Autohof
Aschaffenbu
Moldenbrunnen
57
Stockstadt
125
116
Stockstadt
a.Main
03
Schöne Eiche
Im Eichen
115
118
Bahnwärterhaus
HARRESHAUSEN
469
123
BABENHAUSEN
Stadtplan S. 110
126
02
Ulmenallee
OWK
Hasselsee
Wasserturm
128
140
26
126
Dt. Limes
SICKENHOFEN

der Straße bis Sie linker Hand eine Autoglaserei sehen, daneben führt ein schmaler Weg zur Ampel an der Altheimerstraße. Bleiben Sie auf dieser, überqueren Sie die Frankfurter Straße und radeln Sie in die Munastraße. Nach Überquerung der Bahnlinie geht es am Kreisel zunächst halbrechts, dann am Bach links weiter zur „Langsmühle“ (Jugendzentrum).

An einem kleinen Gartenlokal vorbei stoßen sie auf einen Querweg. Fahren Sie links über die kleine Brücke und folgen Sie dem Weg, der Sie um Münster herum bis zur Bahnlinie führt. Bleiben Sie auf dem Weg, der rechts neben der Bahnlinie verläuft. Sie fahren unter der Brücke hindurch und biegen sofort rechts ab. Auf einem Betonplattenweg erreichen Sie den nächsten Querweg, dem Sie links nach Dieburg folgen. Sie kommen wieder durch die schon bekannte Allee und am Pferdehof vorbei. (Aufgepasst: Ein sehr schmaler Weg führt rechts durch hohe Büsche nach etwa 150 m zu einem Fischerverein, der am Wochenende oft gebackenen Fisch anbietet).

Gersprenzwiesen.

Zur Weiterfahrt bleiben Sie auf dem Weg, stoßen auf den Urberacher Weg, dem Sie links durch Obstwiesen nach Dieburg folgen. Sie überqueren die Bahnlinie, fahren an der Darmstädter Straße in den gekiesten Radweg, der Sie nach wenigen hundert Metern zum Bahnhof zurückbringt. Zum Marktplatz von **Dieburg** **01** und seinen Lokalen in historischem Ambiente gelangen Sie, wenn Sie vom Bahnhof aus der Beschilderung „Fuchsberg“ folgen **Ziel**.

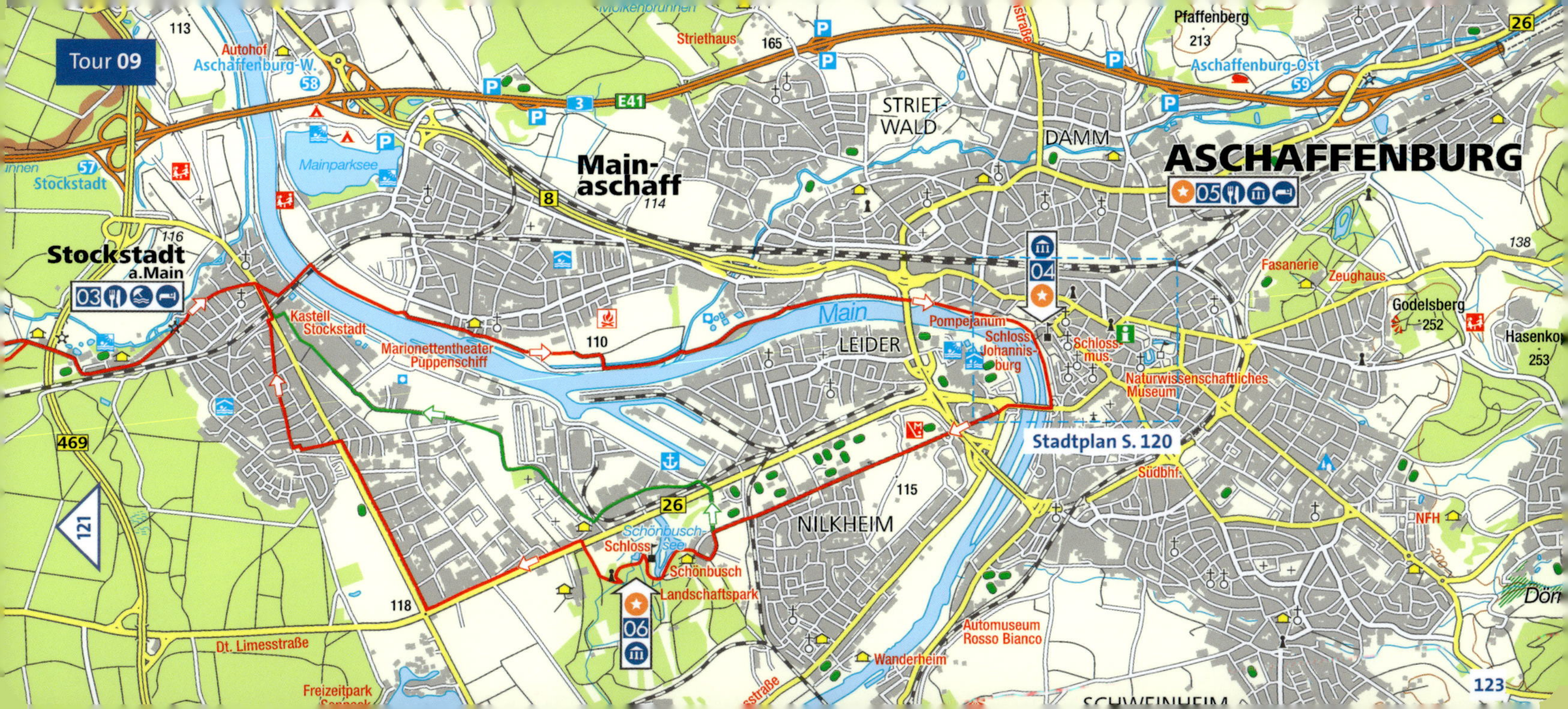
Tour 09
Stockstadt a.Main
03
Mainaschaff
114
ASCHAFFENBURG
05
STRIETWALD
DAMM
LEIDER
NILKHEIM
Main
Mainparksee
Autohof Aschaffenburg-W.
58
Aschaffenburg-Ost
59
Stockstadt
57
E41
3
8
26
469
Striethaus
165
Pfaffenberg
213
Kastell Stockstadt
Marionettentheater Puppenschiff
110
116
113
118
115
138
Pompejanum
Schloss Johannisburg
Schloss-mus.
Naturwissenschaftliches Museum
04
Stadtplan S. 120
Südbhf.
Fasanerie
Zeughaus
Godelsberg
252
Hasenkopf
253
Schönbusch-See
Schloss
Schönbusch
Landschaftspark
06
Automuseum Rosso Bianco
Wanderheim
NFH
Dt. Limesstraße
Freizeitpark
121

AUSFLUGSZIELE / SEHENSWÜRDIGKEITEN & EINKEHRTIPPS

Naturschutzgebiet Gersprenz

Weil die kleine Gersprenz immer wieder mal zu heftigen Hochwassern neigt, hat man im oberen Bereich Überflutungsräume und Nebenarme angelegt, insbesondere zwischen Bieberau und Dieburg. Im unteren Bereich hat man den kleinen Fluss sogar aufwendig renaturiert. Entstanden ist ein Naturschutzgebiet, das von Jahr zu Jahr schöner wird. Der Fluss fließt in Stockstadt in den Main.

Dieburg 01

Dieburg war schon besiedelt, bevor die Römer hier eine befestigte Anlage errichteten. Man kann das im **Museum Fechenbach** und im Landesmuseum Darmstadt besichtigen.

Das **Schloss** (www.schloss-fechenbach.de) bietet außerdem eine sehenswerte Sammlung von Blaufärbereien und die Möglichkeit an Kursen teilzunehmen. Anfragen über die Stadtverwaltung Dieburg, Am Markt 4, 64807 Dieburg, Tel. 06071/20020, www.dieburg.de

Die **Altstadt** ist recht klein, aber dafür mit viel Ambiente und Leben ausgestattet. 3 Eisdielen, Cafés, Restaurants, insbesondere am Marktplatz. Berühmt ist Dieburg für seine Feste und Events, wie das „Dreiecksrennen", „die blaue Nacht" und natürlich die Fasnachtsumzüge.

Babenhausen 02

Die **Altstadt** von Babenhausen gehört zu den sehenswerten Städten auf der „Fachwerkstraße". Sie liegt an dem kleinen Fluss Gersprenz und wurde im Jahre 1236 erstmals urkundlich erwähnt. Tatsächlich existierten hier schon längst vorher Siedlungen. Früher gab es in dieser Gegend ausgedehnte Sümpfe und hier wurde wohl eine der ersten Befestigungen angelegt. Die Kaiser errichteten eine Unterkunft mit Stallungen und einen Gerichtshof. Daraus ging später das **Schloss** hervor. Erhalten gebliebene sind auch Teile der alten Stadtbefestigung wie der **Hexenturm** und Überreste der Wehrmauer.

Die **Stadtkirche** stammt aus der Stauferzeit, 12. Jh. Ich empfehle einen Besuch der sehenswerten, innen und außen vollständig restaurierten Kirche.

Schloss Fechenheim in Dieburg.

Die **Stadtmühle** liegt zwischen Hexenturm und Schloss, direkt an der Gersprenz. Heute gibt's hier ein Museum, ein Infozentrum und ein Restaurant.

Büro des Heimat- und Geschichtsvereins und der Heimatkundlichen Bibliothek in der Stadtmühle, Am Hexenturm 6, Tel. 06073/3531

Das **Schloss** wechselte vor einigen Jahren den Besitzer. Seitdem ist das Außentor verschlossen. Es wurde vielfach umgebaut, zuletzt im Stil der Renaisance, aber einige Räume, Hallen, Torbögen aus der Stauferzeit sind erhalten.

Der „**Schwartze Löwe**" (Fahrstr. 17, direkt am Marktplatz), Tel. 06073/72780, www.hotel-schwartzer-loewe.de

Der „**Deutsche Hof**", Bismarckplatz 4, Tel. 06073/60460, www.deutscher-hof.com.

Stockstadt 03

Stockstadt ist ein ideales Zwischenziel unserer Radtour, denn es bietet vor allem zwei Dinge: Baden und Einkehren.

Das **Waldschwimmbad** Stockstadt, Sportfeldsiedlung, Tel. 06027/72 00

Den Biergarten **„Schützenlust"** des Schützenvereins, direkt am Radweg, ca. 300 m vom Schwimmbad entfernt. Geöffnet Mai–Okt. Di–Sa ab 17, So. ab 12 Uhr Sportfeldsiedlung 32, Tel. 0170/9410415

„**Goldener Engel**", Hauptstraße 20, Tel. 06027/7432, Hotel, Bäckerei, Restaurant „**Brössler**", Obernburgerstr. 2, Tel. 06027/4220, www-hotel-broessler.de

---

Aschaffenburg 05

Die Altstadt liegt in unmittelbarer Nähe des Residenzschlosses. Eine Rundfahrt ist sehr zu empfehlen, . Jeden Mittwoch und Samstag gibt es einen Wochenmarkt, dessen Wurzeln bis ins 12. Jh. zurückreichen.

Das **Residenzschloss** 04 (die Johannisburg) liegt auf der Anhöhe oberhalb des Mains, direkt neben Marktplatz und Altstadt. Gebaut 1605–1614 als Nebenresidenz der Mainzer Erzbischöfe. Bedeutendes Museum (Gemäldegalerie, Architekturmuseum). Schloss- und Gartenverwaltung, Schlossplatz 4, 63739 Aschaffenburg, Tel. 06021/386570. Geöffnet: April–Sept: 9–18 Uhr, Okt.–März: 10–16 Uhr, montags geschlossen

Das **Pompejanum**. König Ludwig von Bayern hat sich von den Ausgrabungen in Italien anregen lassen und 1840–48 das Pompejanum gebaut, inspiriert durch alte Pläne eines herrschaftlich-römischen Wohnhauses. Die Wandmalereien und Mosaikböden sind einmalig. Info: Tel. 06021/218012, geöffnet von April–Oktober 9–18 Uhr, montags geschlossen.

Das **Schloss Schönbusch** 06 ist ein klassizistisches Sommerschloss der Erzbischöfe von Mainz, gebaut ab 1775, mit großem Schlosspark und Besucherzentrum. Kleine Schönbuschallee 1, 63741 Aschaffenburg, Tel. 06021/625478, geöffnet April–Okt. 9–18 Uhr, montags geschlossen; der Park ist immer geöffnet.

Biergarten und Hotel-Restaurant Schönbusch „**Gran Bistro**", Tel. 06021/448580, Anfahrt mit Bus 3 – Haltestelle Park Schönbusch.

Tourismusinformation siehe S. 139
Übernachtungsverzeichnis siehe ab S. 140

Tour 10 Das Gersprenztal Süd

Dieburg – „Reinheimer Teich“ – Fränkisch-Crumbach

48 km	4:00 Std.	120 hm	120 hm		GPS-Koordinaten / Start UTM x: 488.560 m Zone 32 y: 5.527.900 m

Startort: Dieburg, 146 m

Start/Ziel: Bahnhof Dieburg, 146 m

Charakter: Überwiegend Radweg mit Asphalt-, Schotter- und Waldwegpassagen, führt durch das Naturschutzgebiet Reinheimer Teich, viele Einkehrmöglichkeiten unterwegs; spürbare Steigungen nur im letzten Teil vor Fränkisch-Crumbach, sonst flach

Verkehr: In Groß-Zimmern ca. 150 m auf ruhiger Straße, in Wersau ebenfalls; in Groß-Bieberau ist auf dem Radweg Richtung Fränkisch-Crumbach ca. 1 km mit LKW-Verkehr zu rechnen

Tipp: Die Tour lässt sich individuell verkürzen – beachten Sie, dass zwischen Fränkisch-Crumbach und Dieburg keine Bahn und Busse nur sporadisch verkehren!

Ausflugsziele / Sehenswürdigkeiten & Einkehrtipps siehe S. 136/137

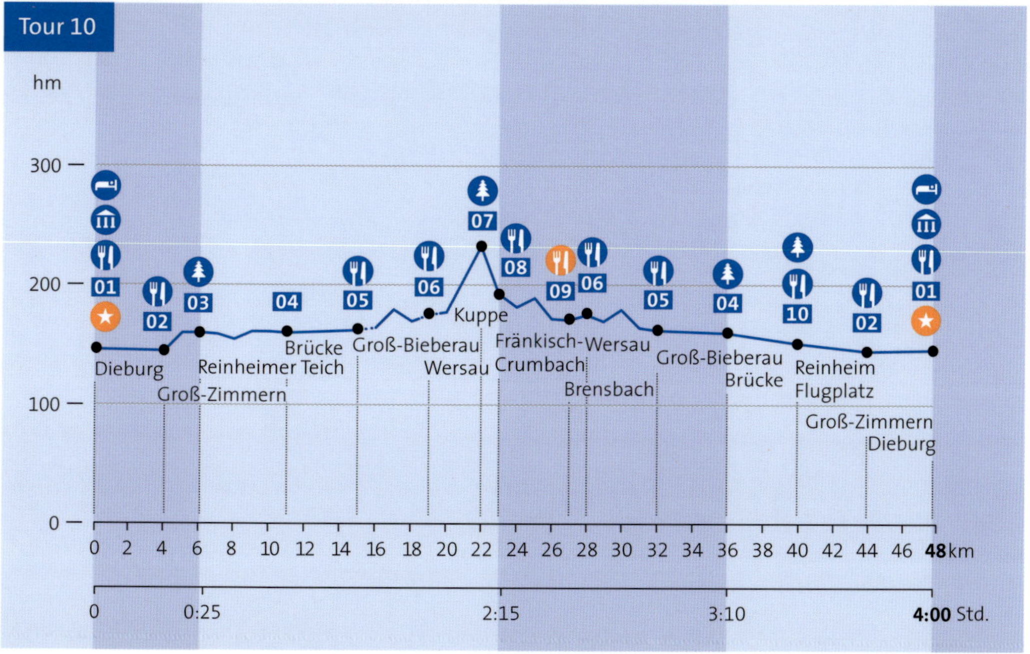

Entsprechend Ihrer Kondition und Ihren Mitfahrern können Sie die folgende Tour in drei verschiedenen Varianten fahren:

A) Dieburg – Rund um den Reinheimer Teich – Dieburg, etwa 18 km und flach, anfangs auf einer stillgelegten Eisenbahnstrecke ohne Blick auf die Gersprenz

B) Dieburg – Groß-Bieberau – Dieburg, etwa 33 km und flach entlang der Gersprenz

C) Dieburg – Fränkisch-Crumbach – Dieburg, rund 48 km mit einem Steilstück über eine Kuppe, das Sie aber auf dem Rückweg nicht mehr überqueren müssen.

Dieburg – Reinheimer Teich / 6 km / 0:25 Std.

Start Wir starten die Tour erneut am Bahnhof in **Dieburg** 01. Wieder geht's am Parkplatz vorbei in Richtung Darmstadt. Diesmal aber nicht über die Bahnlinie, sondern neben der Bahnlinie entlang bis zur 500 m ent-

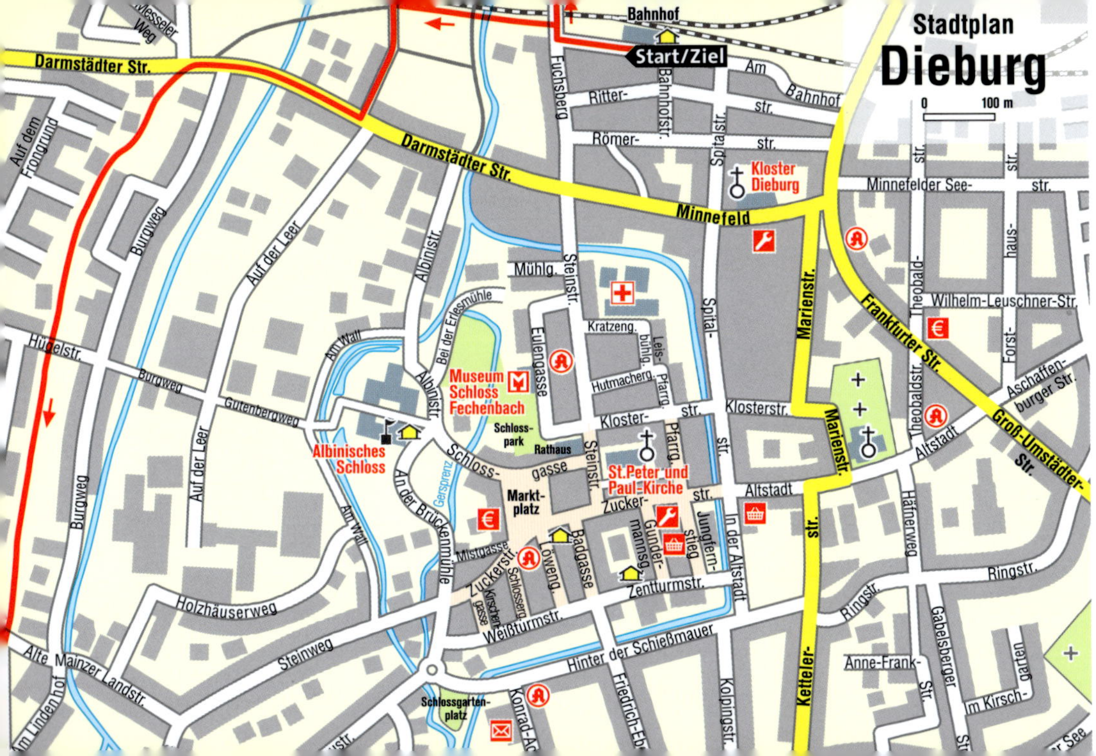

fernten Ampel über die Darmstädter Straße, die Sie überqueren. Halbrechts zwischen hohen Büschen läuft der Radweg auf der ehemaligen Bahntrasse quer durch Dieburg nach Groß-Zimmern. Sie überqueren mehrere kleine Straßen. Achten Sie auf den Verker: Der breite Weg verführt zum schnellen Fahren, aber die Querstraßen sind oft nur schwer einzusehen. Weiter

Radweg (links im Bild) zwischen Buschreihen in Dieburg.

geht es durch Wiesen, am Spielplatz vorbei und über die Brücke der Schnellstraße A26. Sie erreichen Groß-Zimmern, fahren in den Ort hinein, überqueren eine kleine Straße und radeln geradeaus teils auf, teils neben der ruhigen Straße, die Sie an einem Bankgebäude vorbei direkt zur „grünen Mitte“ führt, ein Spielpark mitten in **Groß-Zimmern** 02. Früher gab es hier sogar mal einen Bahnhof. Am Ende des Parks fahren Sie nach links und überqueren die Ampel. Der Weg führt zunächst in die rechtsschwenkende Straße, biegt aber sehr bald links in einen Fuß-/Radweg ab, der über eine Querstraße zu einem kleinen Bach führt.

Hier fahren Sie rechts ab und radeln wieder auf der ehemaligen Bahntrasse. Kurz nachdem Sie die L3413 überquert haben, stoßen Sie auf das Überflutungsgebiet rings um den **Reinheimer Teich** 03. Sie halten sich rechts, in einen breiten, aber etwas staubigen Kiesweg und folgen diesem Rundweg bis zur zur Naturschutz-

Naturschutzgebiet Reinheimer Teich

Das 75 ha große Naturschutzgebiet bietet seltenen Tieren eine Heimat wie der europäischen Sumpfschildkröte, Wasserratten (Nutria), Störchen, der seltenen Rohrweihe und vielen Libellenarten. Bei den hier vorkommenden Pflanzen gelten allein 12 Arten als gefährdet. Das Schilfgebiet darf man nicht betreten, aber ein Weg führt drum herum. Viele Naturfreunde kommen hierher, bewaffnet mit langen Teleobjektiven und Ferngläsern.

Hinter Groß-Zimmern verläuft der Radweg auf der alten Bahntrasse.

scheune des BUND. Sie ist am Wochenende geöffnet.

Reinheimer Teich – Fränkisch-Crumbach / 17 km / 1:50 Std.

Sie fahren an der Westseite des Sees entlang bis Sie in einen asphaltierten Wirtschaftsweg ein-

Die kleine Gersprenzbrücke bei Ueberau.

biegen, der Sie zu Sportplätzen, zur Feuerwehr und zum Halfpipegelände bringt. Wer mit kleineren Kindern unterwegs ist, kann von hier aus zum Segelflughafen und zum Ausflugsrestaurant weiterfahren (ist am Wochenende geöffnet und bietet u. a. frischen Kuchen an) – und um den Teich herum nach Dieburg zurückradeln.

Zur Weiterfahrt bleiben Sie auf dem Zubringer, biegen an der Feuerwehr erst links dann rechts ab, radeln links unter der Eisenbahnbrücke durch und folgen dem ruhigen Teichweg bis zur Kirchstraße. Sie überqueren die B426 und fahren gegenüber am Sportplatz in den kleinen Weg, der nach 50 m nach rechts führt, durch Obstbäume hindurch bis zur Straße nach Ueberau (K119). Halten Sie sich links und folgen Sie dem Radweg an der Straße entlang bis zur Kurve, dann leitet der Radweg geradeaus an der Gersprenz entlang bis zu einer kleinen **Brücke** **04**, ein recht romantischer Abschnitt. Sie überqueren die Brücke, durchqueren Kleingärten bis zu einem asphaltierten Weg und biegen hier rechts ab in Richtung Groß-Bieberau. (Leider nutzen auch manche Autofahrer diesen Radweg als Schleichweg.) Der Weg verläuft nun

Auf dem Weg Richtung Groß-Bieberau

sehr schön direkt neben der Gersprenz. Wenn Sie die B38 erreicht haben, müssen Sie etwa 150 m zurück fahren, am Motorradladen und einem Imbiss vorbei und dann zur Weiterfahrt links in den Wersauer Weg einbiegen. In **Groß-Bieberau** 05 gibt es einen gefragten Eisladen an der B38 und ein beliebtes Lokal in der Marktstraße 36, die „Alte Schmiede". Gute Gründe, wenn man die Tour hier abbrechen und nach Dieburg zurückfahren will.

Wer sich die ganze Tour vorgenommen hat, bleibt zunächst auf dem Wersauer Weg. Vorsicht! Unter der Woche herrscht auf den nächsten 1,3 km LKW-Verkehr zum Kieswerk. Sie verlassen dann den asphaltierten Weg und fahren halblinks in einen Sand-/Kiesweg, der Sie in ein Wäldchen und über einen kleinen Hügel führt. Auf diesem Weg gelangen Sie nach **Wersau** 06. Sie durchqueren den Ort geradeaus auf der ruhigen Ortsstraße. Am Ortsende schwenken Sie in der Kurve rechts in den Radweg nach Fränkisch-Crumbach, der schon bald ansteigt. Am ehemaligen Ziegelhüttenwerk vorbei geht's durch den Weiler Bierbach weiter hoch, bis Sie mit 233 Höhenmeter den höchsten Punkt erreicht haben. An dieser **Kuppe** 07, mit Aussichtspunkt und Bank haben Sie sich eine Pause verdient.

Dann geht's in flottem Tempo bergab (für Kinder heißt es hier aufpassen!). Sie kommen nach **Fränkisch-Crumbach** 08, folgen dem Straßenverlauf und stoßen in der Ortsmitte zum Gasthof „Linde", ein Gartenlokal mit Wild- und Kartoffelspezialitäten.

Fränkisch-Crumbach – Groß-Bieberau / 13 km / 0:55 Std.

Der Rückweg führt zunächst auf dem Radweg in Richtung B38 (Mannheimer Straße bzw. Gersprenztalstraße) und knickt dann am Ortsende in die Wiesen ab, markiert als R 2. Sie folgen dem Fernradweg erst durch Wald und über eine kleine Erhebung, dann flach durch Wiesen. Kurz nachdem Sie die Gersprenz überquert haben, treffen Sie auf die B38. Sie folgen dem Radweg,

Nach Fränkisch-Crumbach folgen wir dem Fernradweg R 2.

der durch eine Hecke von der B38 getrennt ist, und stoßen in **Brensbach** 09 auf den Zubringer nach Wersau. Hier müssen Sie links, in Richtung Wersau, abbiegen. Sie durchqueren **Wer-**

Einkehrtipp:

Wenn Sie in Brensbach beim Zubringer nach Wersau diagonal über die Straße und zwischen Autohaus und Tankstelle hindurch fahren, gelangen Sie nach 150 m auf eine sehr kleine, aber äußerst beliebte **Eisdiele!**

sau 06 und verlassen die Ortsstraße in einer Rechtskurve. Geradeaus, durch Wiesen und Felder radeln Sie auf dem bekannten Weg weiter nach Groß-Bieberau. Auf der Ortsstraße fahren Sie geradeaus auf dem Radweg durch die Felder und nehmen den schon bekannten Weg zurück nach **Groß Bieberau** 05.

Groß-Bieberau – Dieburg / 12 km / 0:50 Std.

Am Ortsanfang links in den Weg durch die Kleingärten, zur **Brücke** 04 über die Gersprenz und dann an der Straße entlang bis Reinheim. Vor dem Bach nach rechts, folgen Sie dem Obstwiesenweg bis zum Linksabzweig. Sie überqueren die Landstraße, fahren am nächsten Weg links,

Restaurant am Segelflugplatz.

und sofort wieder rechts. An Kleingärten entlang bis zum Bahndamm, dort schwenken Sie nach links und biegen dann rechts durch die Bahnunterführung ab, dann geht's sofort wieder rechts, an der Feuerwehr, den Sportplätzen und den Halfpipes vorbei bis zum **Reinheimer Teich** und dort rechts zum **Segelflugplatz** 10 und zum Ausflugsrestaurant.

Ein mit dem Rad befahrbarer Wanderweg führt um den Reinheimer Teich herum.

Anschließend bleiben Sie auf dem schmalen Wanderweg und umrunden den Teich durch eine Apfelallee bis zu Aussichtspunkten und zu einem Parkplatz. Sie bleiben auf dem Rundweg, bis Sie wieder die ehemalige Bahntrasse erreichen. Dort biegen Sie nach rechts in den Weg ein, überqueren die Straße und radeln weiter nach **Groß-Zimmern** 02.

Beim Sperrgitter links und weiter auf dem Weg, der Sie rechts durch die Kurve zur „Grünen Mitte" bringt. Auf dem bekannten Weg durch Groß-Zimmern, weiter über die Autobahn und zurück nach Dieburg. Sie fahren durch die bewachsene Schneise bis zum Querweg „Gutenbergschneise". Ich empfehle Ihnen, hier rechts in Richtung Altstadt zu fahren, über die Gersprenzbrücke, am Landratsamt (einem schlossähnlichen Verwaltungsgebäude aus der Gründerzeit) vorbei. So gelangen Sie direkt zum Marktplatz von **Dieburg** 01 **Ziel**.

AUSFLUGSZIELE / SEHENSWÜRDIGKEITEN & EINKEHRTIPPS

Reinheimer Teich 03

An den Sommerwochenenden finden Sie dort meist die **Naturschutzscheune** (BUND) geöffnet, wo Events für Kinder, Themen-Führungen wie z. B. Wildkräuter oder Wildbeeren und Aktionen wie Larven- oder Vogelbeobachtungen auch mit Mikroskop und Fernglas angeboten werden.
Termine: www.naturschutzscheune.de.

Reinheimer Teich/Segelflugplatz 10

Der Segelflugplatz ist immer am Wochenende in Betrieb, dann hat auch der Gasthof am Segelflugplatz geöffnet.

Café/Biergarten „**Gasthaus am Teich**“, Tel. 06162/942798

Groß-Bieberau 05

„**Alte Schmiede**“, Marktstraße 36, Tel. 06162/4948

„**Zur blauen Hand**“, Ober-Ramstädter Straße 2, Tel. 06162/3615, www.blauehand.de

Auf einen edlen Tropfen stößt man auf fast allen Touren.

Fränkisch-Crumbach 08

„**Die Linde**“, Darmstädter Str. 2, Tel. 06164/1589, www.die-linde.net, liegt direkt in der Ortsmitte und unmittelbar an dem von uns beschriebenen Radweg. Der Ort besitzt weitere Restaurants mit teils originellen Namen: „Das Odenwälder Hexenhaus“, „Zum dicken Schorsch“.

Tipps für Mountainbiker oder Radler mit sehr strammen Waden:

Wer mit dem MTB unterwegs ist, und wer sportlich fährt, der kann zwischen Groß-Bieberau und Fränkisch-Crumbach den Höhenweg nehmen (in Karte grün markiert!). Der verläuft über die „Steinkaute“ und steigt bis auf 320 Meter an. Ein schöner, aber anstrengender Weg, für den, der das mag und wer von Fränkisch-Crumbach aus noch ein Stück weiterfährt, kann über traumhafte Waldwege zwei interessante Ausflugsziele mit Einkehrmöglichkeit erreichen:

Die **Burg Rodenstein**, 295 m hoch gelegen, wurde um 1250 gebaut. Sie wurde als Trutzburg gegen die Reichenberger gebaut. Es gab ja ständig Scharmützel zwischen den einzelnen Fürsten- und Rittergeschlechtern. Heute gehört die Burg den Freiherren von Gemmingen-Hornberg.

Unterhalb der Burg Rodenstein finden Sie das „**Hofgut Rodenstein**", An der Burgruine, Tel. 06164/1087, www.hofgut-rodenstein.de

Das **Schloss Reichenberg** liegt auf 307 m Höhe und ist gut erhalten. Es soll um 1170 erbaut worden sein. Die Wehrmauer, die gotische Michaelskapelle und der „Krumme Bau" sind sehenswert. Die Burg ist auch Ort für Veranstaltungen (wie „die Märchentage") und Führungen, es besitzt ein Tagungszentrum und ein äußerst beliebtes Schlosscafé

Cafe Schloss Reichenberg, 64385 Reichelsheim (Odenwald), Freitag–Sonntag 14–18 Uhr

Tourismusinformation siehe S. 139
Übernachtungsverzeichnis siehe ab S. 140

Marktplatz in Dieburg.

Reiseinformationen

ANREISE & ABREISE

Alle Touren sind so gelegt, dass Sie die Start- und Zielorte bequem mit Bus, Bahn und Straßenbahn erreichen können. Die Mitnahme von Fahrrädern in Zügen und Bussen wird sehr unterschiedlich gehandhabt und ist zeitlichen Einschränkungen unterworfen. Informieren Sie sich deshalb vorab:

Fahrplanauskunft DB: 0800/1507090,
www.bahnauskunft.com

Rhein-Main-Verkehrsverbund (RMV)
Alte Bleiche 5, 65719 Hofheim am Taunus,
Tel. +49 (0)6192/2940, www.rmv.de

DADINA - Darmstadt-Dieburger Nahverkehrsorganisation, Europaplatz 1, 64293 Darmstadt,
Tel. +49 (0)6151/36051, www.dadina.de

Odenwaldbahn (Fahrplan)
www.odenwaldbahn.de

TOURENPLANUNG

Beachten Sie bei Ihrer Tourenplanung, dass viele stadtnahe Radwege an Wochenenden und Feiertagen stark frequentiert sind. Falls Sie Übernachtungen einplanen ist es empfehlenswert, in der Hochsaison vorab zu reservieren, um unliebsamen Überraschungen aus dem Weg zu gehen.

BEKLEIDUNG

Radkleidung oder funktionelle Freizeitkleidung, am besten in mehreren Schichten getragen (je nach Wetterlage), unterstützen ein positives Raderlebnis. Bei längeren Fahrten ist Wechselkleidung empfehlenswert. Für Kinder sollte der Fahrradhelm selbstverständlich sein.

UNTERWEGS MIT KINDERN

Passen Sie die Fahrstrecke den Bedürfnissen und Fähigkeiten der Kinder an. Durch die vielen Einkehrmöglichkeiten direkt am Weg sind generell alle Tourenvorschläge für Kinder geeignet. Nützen Sie die interessanten Ausflugsziele unterwegs (Aussichtstürme, Badeseen, Kinder-Events), um die Radtour abwechslungsreich zu gestalten. Genügend zu trinken, etwas Obst und Badesachen sollten nicht fehlen, ein Fernglas kann bei vielen Touren nützliche Dienste leisten.

ZENTRALE INFORMATIONSSTELLEN

Odenwald
www.odenwald-tourismus.de
www.hessen-tourismus.de
www.odenwald.de

Frankfurt Rhein-Main
www.tourismus-frankfurt.de
www.frankfurt-rhein-main.de

Bergstraße-Odenwald
www.geo-naturpark.de

Spessart-Mainland
www.spessart-mainland.de

Orte/Tourismusbüros

ASCHAFFENBURG
Tourist-Information
Schlossplatz 1
63739 Aschaffenburg
Tel. +49 (0)6021/395800
www.info-aschaffenburg.de

BABENHAUSEN
Stadtverwaltung
Marktplatz 2
64832 Babenhausen
Tel. +49 (0)6073/6020
www.babenhausen.de

BRENSBACH
Gemeindeverwaltung
Ezyer Str. 5
64395 Brensbach
Tel. +49 (0)6161/8090
www.brensbach.de

DARMSTADT
Darmstadt Marketing
Im Carree 1
64283 Darmstadt
Tel. +49 (0)6151/134514
www.darmstadt.de

DIEBURG
Stadtmagistrat
Markt 4,
64807 Dieburg
Tel.+49 (0)6071/20020
www.dieburg.de

DREIEICH
Magistrat
Hauptstr. 45
63303 Dreieich
Tel. +49 (0)6103/6010
www.dreieich.de

FRÄNKISCH-CRUMBACH
Rodensteinerstr. 8
64407 Fränkisch-Crumbach
Tel. +49 (0)6164/93030
www.fraenkisch-crumbach.de

FRANKFURT
Tourismus+Congress GmbH
Tel. +49 (0)69/21238800
www.frankfurt-tourismus.de

GROSS-BIEBERAU
Magistrat
Marktstr. 28-30
64401 Groß-Bieberau
Tel. +49 (0)6162/80060
www.gross-bieberau.de

GROSS-ZIMMERN
Gemeindeverwaltung
Rathausplatz 1
64846 Groß-Zimmern
Tel. +49 (0)6071/97020
www.gross-zimmern.com

HAMMERSBACH
Rathaus
Köbler Weg 44
63546 Hammersbach
Tel. +49 (0)6185/18000
www.hammersbach.de

HANAU-STEINHEIM
Tourist-Information
Am Markt 14–18
63450 Hanau
Tel. +49 (0)6181/295950
www.hanau.de

LANGEN
Magistrat
Südliche Ringstr. 80
63225 Langen
Tel. +49 (0)6103/2030
www.langen.de

MARKT STOCKSTADT
Rathaus
Hauptstr. 19–21
63811 Stockstadt a. Main
Tel. +49 (0)6027/20050
www.stockstadt-am-main.de

MESSEL
Gemeindeverwaltung
Kohlweg 15
64409 Messel
Tel. +49 (0)6159/71570
www.messel.de

MÖRFELDEN-WALLDORF
Stadtverwaltung
Westendstr. 8
64546 Mörfelden-Walldorf
Tel. +49 (0)6105/9380
www.moerfelden-walldorf.de

MÜHLHEIM A. MAIN
Stadtverwaltung
Friedensstr. 20
63165 Mühlheim am Main
Tel. +49 (0)6108/6010
www.muehlheim.de

NEU-ISENBURG
Stadtverwaltung
Siemensstr. 14
63236 Neu-Isenburg
Tel. +49 (0)6102/2410
www.neu-isenburg.de

NIDDERAU
Stadtverwaltung
Am Steinweg 1
61130 Nidderau
Tel. +49 (0)6187/2990
www.nidderau.de

OFFENBACH
Stadtverwaltung
Berlinger Str. 100
63065 Offenbach
Tel. +40 (0)69/80651
www.offenbach.de

REINHEIM
Stadtverwaltung
Cestasplatz 1
64354 Reinheim
Tel. +49 (0)6162/8050
www.reinheim.de

Übernachtungsverzeichnis

€ = unter 30 EUR; **€€** = 30 bis 60 EUR; **€€€** = über 60 EUR Preis pro Person in DZ, incl. Frühstück

ASCHAFFENBURG

PLZ: 63739, Tel. 06021

Hotel Wilder Mann (€€€), Löherstr. 51, Tel. 3020, www.hotel-wilder-mann.de

Hotel Mainperle (€€), Weißenburgerstr. 42a, Tel. 386540, www.hotel-mainperle-aschaffenburg.de

Hotel Fischer (€€€), Weissenburgerstr. 32, Tel. 34250, www.hotel-fischer-aschaffenburg.de

Hotel Garni Altes Sudhaus (€€), Schweinheimer Str. 117, Tel. 960609, www.hotel-altessudhaus.de

Hotel Garni Pape (€-€€), Würzburger Str. 16, Tel. 22673

Hotel Split (€€), Kahlgrundstr. 16, Tel. 421875

Hotel Garni Central (€€), Steingasse 5, Tel. 23392

Pension Funke (€€), Wilhelmstr. 60a, Tel. 423567

Privatzimmer Steinecke (€-€€), Neben der Großen Metzgergasse 7, Tel. 218029

Pension Mainblick (€), 63741 Aschaffenburg, Hanauer Str. 71, Tel. 4391845, www.pension-aschaffenburg.de

BABENHAUSEN

PLZ: 64832, Tel. 06073

Hotel Residenz (€€€), Ziegelhüttenstr. 51a, Tel. 68880, www.hotel-residence-babenhausen.de

Gasthof Zur Bretzel (€€), Bürgermeisterstr. 2, Tel. 87742, www.gasthaus-zur-bretzel.de

Hotel Keglerklause (€€), Ziegelhüttenstr. 51b, Tel. 5400, www.goto.de/babenhausen/keglerklause

Hotel Schwartzer Löwe (€€), Fahrstr.17, Tel. 72780, www.hotel-schwartzer-loewe.de

Gästehaus Ziegelruh (€-€€), Schwabenweg 6, Tel. 72670, www.hotel-ziegelruh.de

BAD VILBEL

PLZ: 61118, Tel. 06101

City Hotel Bad Vilbel (€€), Alte Frankfurter Str. 13, Tel. 5880, www.cityhotel-badvilbel.de

Pension Pohlner (€-€€), Schultheiß-Bilger-Str. 1a, Tel. 6759

Gästehaus Lenz (€€), Oberurseler Str. 12, Tel. 64180

DARMSTADT

PLZ: 64295, Tel. 06151

Ristorante Hotel Garda (€€), Am Pelz 2a, Tel. 130200, www.hotel-garda.de

Commundo Tagungshotel (€€), Hilpertstr. 27, Tel. 0800-8330330, www.commundo-tagungshotels.de

PLZ: 64293

Hotel Reuterhof (€€), Mainzer Str. 168, Tel. 9270, www.reuterhof.eu

Hotel Hornung (€€), Mornewegstr. 43, Tel. 9266, www.hotel-darmstadt.com

Hotel Ibis (€€), Kasinostr. 6, Tel. 39700, www.ibishotel.com

PLZ: 64291

KM Hotel (€€), Frankfurter Landstr. 152, Tel. 371051

Hotel San Remo (€€), Messeler Str. 7, Tel. 374224

PLZ: 64283

Hotel Ernst Ludwig (€€), Ernst-Ludwig-Str. 14, Tel. 26011

Hotel Bockshaut (€€), Kirchstr. 7, Tel. 99670

PLZ: 64289

Hotel Jagdschloss Kranichstein (€€€), Kranichsteiner Str. 261, Tel. 97790, www.hotel-jagdschloss-kranichstein.de

DIEBURG

PLZ: 64807, Tel. 06071

Die Schmankerlburg (€€), Frankfurter Str. 10, Tel. 22843, www.schmankerlburg.de

Hotel Alt Dieburg (€€), Rheingaustr. 64–68, Tel. 24141

Monte Somma (€€), Altheimer Str. 35, Tel. 1373, www.hotelmontesomma.de

Mainzer Hof (€€), Markt 22, Tel. 88130, www.mzh.dnn-experten.de

Hotel Adria (€€), Rheingaustr. 64, Tel. 24141, www.hotel-adria-dieburg.de

Landgasthof Mörsmühle (€-€€), Urberacher Weg 21, Tel. 1785, www.landgasthof-moersmuehle.de

Pension Adam (€), Auf dem Frongrund 65, Tel. 201311

Privatpension Stein (€), Hügelstr. 3, Tel. 24108

Bahnhofhotel, Bahnhofstr. 10, Tel. 499644

Gaststätte Zur Rose, Altstadt 28, Tel. 1518

DREIEICH

PLZ: 63303, Tel. 06103

Hotel Herrnbrod&Ständecke (€€); Hauptstr. 29–33, Tel. 6080, www.herrnbrod-staendecke.de

Hotel Mercure F-Airport (€€), Eisenbahnstr. 200, Tel. 6060, www.mercure.com

Landgasthof Alte Bergmühle (€€€), Geißbergstr. 25, Tel. 81858, www.altebergmuehle.de

Gästehaus Kirchbornhof (€-€€), Am Kirchborn 8, Tel. 98670

Hotel Christinenhof (€€), Fischäcker 2, Tel. 98050, www.christinenhof.com
Turmhotel Rhein-Main Dreieichenhain (€€€), Kabelstr. 6, Tel. 94860, www.turmhotel-rheinmain.de
Offenthaler Hof (€€), Mainzer Str. 6, Tel. 84100, www.offenthalerhof.de

FRANKFURT PLZ: 60314, Tel. 069

Goldman 25hours Hotel (€€), Hanauer Landstr. 127, Tel. 40586890, www.25hours-hotels.com

PLZ: 60386

Hotel Mainstation (€€), Vilbeler Landstr. 14–16, Tel. 41674370, www.hotelmainstation.de
Atlas Appartment (€), Dieburger Str. 12, Tel. 86710486
Privatzimmer Leben u. Kunst (€), Starkenburgerstr. 76, Tel. 40107900

PLZ: 60594

Gerbermühle (€€€), Gerbermühlstr. 105, Tel. 68977790, www.gerbermuehle.de
Ritter Hotel (€), Große Rittergasse 79, Tel. 963762990, www.ritter-hotel-frankfurt.de

PLZ: 60437, Tel. 06101

Hotel Harheimer Hof (€€), Alt-Harheim 11, Tel. 4050, www.harheimer-hof.de

F-BERGEN-ENKHEIM PLZ: 60388, Tel. 06109

Hotel-Rest.-Café Schöne Aussicht (€€), Im Sperber 24, Tel. 50470, www.schoene-aussicht.de

Pension Alex (€), Kruppstr. 140, Tel. 26486435
Hotel Klein (€), Vilbeler Landstr. 55, Tel. 73460, www.hotelklein.de
Hotel Amadeus (€€), Röntgenstr. 5, Tel. 3700, www.hotel-amadeus-frankfurt.de
Hotel Rüth (€€), Saalburgallee 22, Tel. 069/446322, www.hotel-rueth.de

F-HÖCHST PLZ: 65929, Tel. 069

Hotel am Schloss (€), Bolongarostr. 168, Tel. 15049580,
Hotel Höchster Hof (€€), Mainberg 3–11, Tel. 30040, www.hoechster-hof.de
Lindner Congress Hotel (€€), Bolongarostr. 100, Tel. 3300200, www.lindner.de
Parkside Hotel (€€), Liederbacher Str. 34, Tel. 3006400, www.parkside-hotel.com
App. Altstadt Höchst (€), Alt Höchst 1, Tel. 36602071
Pension Ricki (€), Kurmainzerstr. 23, Tel. 93623272
Idylle am Main (€€), Amtsgasse 5, Tel. 0176/63151794

F-NIEDERRAD PLZ: 60528, Tel. 069

Innside Frankfurt-Niederrad (€€), Herriotstr. 2, Tel. 677320, www.inside.de
B&B Hotel Niederrad (€), Colmarer Str. 3, Tel. 67865390, www.hotelbb.de
NH-Hotel Frankfurt-Niederrad (€€), Lyoner Str. 5, Tel. 666080, www.nh-hotels.com

Novotel Frankfurt Niederrad (€€), Hahnstr. 9, Tel. 663060, www.novotel.com
Hotel Niederräder Hof (€€), Triftstr. 33, Tel. 67736660, www.niederraeder-hof.de
Hotel Garni Zur Post (€€), Alt Schwanheim 38, Tel. 3535640
Leonardo Hotel Airport Frankfurt (€), Waldstr. 76, Tel. 5600500, www.leonardo-hotels.com
Motel One Airport Frankfurt (€-€€), Colmarer Str. 2, Tel. 6605360, www.motel-one.com

F-SACHSENHAUSEN PLZ: 60599, Tel. 069

Hotel-Pension Cult (€€), Offenbacher Landstr. 56, [illegible]24460
Privatzimmer Sachsenhausen (€€), Tiroler Straße, Tel. 63392833
Apartment B (€€), Waidmannstr. 12, Tel. 0152/25644715
Appartement Knapp (€-€€), F-Oberrad, Georg-Treser-Str. 25, Tel. 653586
B&B Pension Monica (€-€€), Am Sandberg 51, Tel. 94415584
Gästewohnung Sachsenhausen (€), Dielmannstr. 45, Tel. 0800/2539832
Zimmer Woitek (€), Goldbergweg, Tel. 80106969
Apartment Marek (€), Offenbacher Landstr. 399 Tel. 86710481

Pension Hansenweg (€), Hansenweg 2, Tel. 80109802
Apartment Pension „72“ (€€), Balduinstr. 72, Tel. 57705550
Monika's Zimmervermietung (€), Grazer Weg 3, Tel. 86710486

FRÄNKISCH-CRUMBACH PLZ: 64407, Tel. 06164

Pension Lindenhöhe (€€), Allee 24–26, Tel. 93040, www.lindenhoehe.com
Pension Hof Schleiersbach (€), Schleiersbach 1, Tel. 06161/410, www.hof-schleiersbach.de
Ferienwohnung Krichbaum (€), Schillerstr. 35, Tel. 3362
Pension Hofgut Rodenstein (€-€€), An der Burgruine, Tel. 1087, www.hofgut-rodenstein.de
Pension Holunderhof (€), Weiler Erlau, Tel. 740

GROSS-ZIMMERN PLZ 64846, Tel. 06071

Hotel An der Waldstraße (€€), Waldstr. 42, Tel. 9700-0, www.hotel-waldstrasse.de
Gasthof Goldene Mitte (€€), Darmstädter Str. 10, Tel. 748248, www.gasthof-goldenemitte.de
Obermühle-Wohnheim/Gästehaus (€), Lebrechtstr. 7, Tel. 951755
Aviva Hotel (€€), Röntgenstr. 16, Tel. 289950, www.aviva-apartments.de

HANAU PLZ: 63452, Tel. 06181

Hotel Römerhof (€€), Römerstr. 20, Tel. 92780, www.roemerhof-hanau.de

Hotel Royal (€€), Salzstr. 14, Tel. 92820, www.hotel-royas-hu.de
Hotel Zum Riesen Junior (€-€€), Heumarkt 8, Tel. 250250, www.hanauhotel.de
Hotel-Pension Schaffrath (€), Rheinstr. 1, Tel. 12123
Hotel Zum Elefant (€€), Am Freiheitsplatz 8, Tel. 20746
Hotel Domino (€€), Heumarkt 4, Tel. 9230340, www.hoteldomino.de
Hotel Garni Brunnenhof (€), (Steinheim), Pfaffenbrunnenstr. 125, Tel. 964020
Hotel Grahn (€€), Landwehr 1, Tel. 93310
Gästehaus Ziegelruh (€), Breitscheidstr. 28, Tel. 1805294
Hotel Zum Goldenen Löwen (€€), Hanauer Vorstadt 1, Tel. 255315

LANGEN
PLZ: 63225, Tel. 06103

Hotel Dreieich (€€), Frankfurter Str. 49, Tel. 9150, www.hotel-dreieich.de
Hotel Achat (€€), Robert-Bosch-Str. 58, Tel. 7560, www.achat-hotels.com
Waldhaus Hotz (€), Außerhalb 25, Tel. 23197
Naturfreundehaus (€), Am Steinberg 94, Tel. 22530

MESSEL
PLZ: 64409, Tel. 06159

Hotel Schnecken-Schröder (€€€), Dieburger Str. 276, Tel. 70905, www.schnecken-schroeder.de

MÖNCHBRUCH
PLZ: 64546, Tel. 06105

Jagdschloss Mönchbruch (€€), Mönchbruch 1, Tel. 924310, www.jagdschloss-moenchbruch.de

MÖRFELDEN-WALLDORF
PLZ: 64546, Tel. 06105

Gästehaus Gawruszko (€), Rüsselsheimer Str. 63, Tel. 24638
Albatros Airport Hotel (€), Nordendstr. 12, Tel. 70100, www.albatroshotel.de
Hotel Zum Löwen (€€), Langstr. 68, Tel. 9490, www.zumloewen.de
Ferienwohnung Pauschert (€), Schwarzwaldstr. 31–35, Tel. 01778743930
Gästehaus Schröder (€), Coutandinstr. 41, Tel. 5582
NH Hotel Frankfurt Mörfelden (€€), Hessenring 9, Tel. 2040, www.tagungshotel.com
carat hotel Frankfurt Airport (€€), An der Brücke 8–10, Tel. 9760, www.carat-hotel-frankfurt.de
Gästehaus Czoik (€€), Feldstr. 51, Tel. 1894
Gästezimmer (€), Langener Str. 39, Tel. 921451
Gästehaus Koban (€-€€), Frankfurter Str. 14–16, Tel. 22287
Gasthof Zum grünen Haag (€€), Rüsselsheimer Str. 56–60, Tel. 92450
Gasthof Luley (€), Langener Str. 70, Tel. 22277

MÜHLHEIM
PLZ: 63165, Tel. 06108

Hotel-Café Kinnel (€€), Gerhard-Hauptmann-Str. 54–58
Hotel Adam (€€), Albertstr. 7–11, www.hotel-adam.de
Dreispitz Hotel (€€), Offenbacher Str. 86, Tel. 90980, www.hotel-dreispitz.de
Hotel Hildesheimer Hof (€€), Bahnhofstr. 51, Tel. 71321
Hotel Pension Hexestubb (€€), Lessingstr. 18, Tel. 990466

MÜNSTER
PLZ: 64839, Tel. 06071

Hotel am Rathaus (€€), Leibnizstr. 6, Tel. 304-0, www.hotel-amrathaus.de
Gästehaus Ziegelruh (€), Schulstr. 1, Tel. 305441

NEU-ISENBURG
PLZ: 63263, Tel. 06102

Friendly City Hotel (€€), Carl-Ulrich-Str. 161, Tel. 882860, www.friendly-cityhotel.de
Hotel Wessinger (€€€), Alicestr. 2, Tel. 8080, www.wessinger.com
Hotel Central (€€), Frankfurter Str. 11, Tel. 22533, www.hotel-zentral.de
Hotel Mercure (€€), Frankfurter Str. 190, Tel. 59940, www.mercure.com
Hotel Haus Isenburg (€€), Ludwigstr. 8, Tel. 25058
Hotel Garni Hessischer Hof (€€), Waldstr. 141, Tel. 800748
Hotel Alfa (€€), Frankfurter Str. 123, Tel. 17024, www.hotelalfa.de
Ida's Gästehaus (€), Wilhelm-Lueschner-Str. 55, Tel. 22188
Monteursunterkunft Neu-Isenburg (€), Wiesenstr. 12, Tel. 069/97995210
Monteurwohnungen Tilgert (€), Frankfurter Str., Tel. 73542

REINHEIM
PLZ: 64354, Tel. 06162

Gasthof Zur Spitze (€-€€), Kirchstr. 56, Tel. 912041
Sunibel Inn (€€), Hirschbachstr. 46, Tel. 9410

ROSSDORF
PLZ: 64380, Tel. 06154

Aron Hotel (€€), Arheilger Weg 9, Tel. 800350, www.aron-hotel.de
Hotel Bessunger Forst (€€€), Darmstädter Str. 90, Tel. 6080, www.hotel-bessunger-forst.de
Hotel Appart-Hotel (€-€€), In den Leppsteinwiesen 8, Tel. 9094
Gasthof Hessisches Haus (€€), Hauptstr. 25, Tel. 48762, www.hessischeshaus.de

STOCKSTADT
PLZ: 63811, Tel. 06027

Gasthof Cafe (€), Obernburger Str. 26, Tel. 7241
Hotel Schierstein (€€), Feuerwehrstr. 12, Tel. 411800
Gasthof Goldener Engel (€), Hauptstr. 20, Tel. 7432, www.goldenerengel.com

Register

Kartenempfehlung

KOMPASS-Karten Nr.

826 **Pfalz, Naturpark Pfälzerwald**, 2-teiliges Set

827 **Bergstraße, Odenwald, Neckartal**, 2-teiliges Set

828 **Frankfurt und Umgebung**, 2-teiliges Set

832 **Spessart**, 2-teiliges Set

3059 **Hohe Eifel, Koblenz, Rhein-Westerwald** (1:70 000)

3061 **Hunsrück, Obere Nahe** (1:70 000)

3068 **Taunus, Lahntal** (1:70 000)

3069 **Wetterau, Vogelsberg, Bad Nauheim** (1:70 000)

3071 **Frankfurt und Umgebung** (1:70 000)

3072 **Aschaffenburg, Spessart-Main** (1:70 000)

3089 **Rheinhessen-Rheingau-Naheland-Mainz** (1:70 000)

IMPRESSUM

Verlagsnummer 6232
ISBN 978-3-85026-434-1

Text und Fotos (soweit nicht anders angegeben): Hans-Peter Vogt

Titelbilder:
Bild links: Panorama von Frankfurt
(Foto: Heino Pattschull © www.fotolia.de)
Bild Mitte: Radausflug (Foto: © OÖ.Tourismus/Erber)
Bild rechts: Rapsfeld (Foto: fotografci © www.fotolia.de)

Grafische Herstellung: wt-BuchTeam, Garching a.d.Alz

Wanderkartenausschnitte: © KOMPASS-Karten GmbH, Rum/Innsbruck

Gestaltung und Konzeption: fpm, Factor Product GmbH, München

Haftungsausschluss

Alle Angaben und Routenbeschreibungen wurden nach bestem Wissen gemäß unserer derzeitigen Informationslage gemacht. Die Radtouren wurden sehr sorgfältig ausgewählt und beschrieben, Schwierigkeiten werden im Text kurz angegeben. Es können jedoch Änderungen an Wegen und im aktuellen Naturzustand eintreten. Radfahrer und alle Kartenbenützer müssen darauf achten, dass aufgrund ständiger Veränderungen die Wegzustände bezüglich Befahrbarkeit sich nicht mit den Angaben in der Karte decken müssen. Bei der großen Fülle des bearbeiteten Materials sind daher vereinzelte Fehler und Unstimmigkeiten nicht vermeidbar. Die Verwendung dieses Führers erfolgt ausschließlich auf eigenes Risiko und auf eigene Gefahr, somit eigenverantwortlich. Eine Haftung für etwaige Unfälle oder Schäden jeder Art wird daher nicht übernommen.

Für Berichtigungen und Verbesserungsvorschläge ist die Redaktion stets dankbar. Korrekturhinweise bitte an folgende Anschrift:

Walter Theil, Irmengardstr. 9, D-84518 Garching a.d.Alz
Tel.: 0049/(0)8634/689803, Fax: 0049/(0)8634/689804
info@wt-buchteam.de, www.wt-buchteam.de

KOMPASS-Karten GmbH, Kaplanstraße 2, A-6063 Rum/Innsbruck
Tel.: 0043/(0)512/2655610, Fax: 0043/(0)512/2655618
kompass@kompass.at, www.kompass.at